電子インボイス

業務デジタル化のポイント

SKJ総合税理士事務所
税理士 **袖山 喜久造** 著

税務研究会出版局

はじめに

平成元年４月に施行された消費税法は、仕入税額控除の方式を中小企業等の事務負担等を軽減するために、インボイス方式ではなく、帳簿方式を採用しました。また、小規模事業者の免税制度、簡易課税制度など導入し、本来納められるべき消費税について、当該制度利用者が納税不要とする仕組みであり、適正公平な課税の観点からも看過されるべきとされてきませんでした。特に仕入税額控除の方法については、間接税とされる消費税の申告制度上の問題なしとされず、納税義務が免除されている免税事業者等の支払いについては、課税取引であれば消費税相当分を税額控除できる仕組みとされており是正すべきとされてきました。

2023年10月から始まる消費税インボイス制度は、我が国の財政を支える消費税について、税の負担者である消費者が支払った消費税を確実に納税できる制度であると言えます。インボイス制度導入後の事業者の消費税申告では、納付消費税の原則的計算方法では、売上に係る消費税(売上税額)から仕入税額控除できるのは、適格請求書発行事業者へ支払われた税率ごとの消費税(仕入税額)のみとなります。適格請求書発行事業者は消費税の納税義務があり、簡易課税による納税を除き、たとえ消費税の申告時に支払っている消費税を控除することとしても他の事業者が納税することになるからです。

納税義務者となる消費税課税事業者は、インボイス制度の対応準備として、自社が発行する適格請求書の対応準備を進めると同時に、自社が受け取る適格請求書の保存などの検討も必要となります。適格請求書とするべき書類は事業者により異なりますが、大多数は請求書や領収書と思われます。これまでの商慣習では書面による発行が多かった請求書や領収書ですが、インボイス制度では適格請求書の発行が書面だけではなくデータで発行することができるように措置されています。データで作成されている請求書などのデータを書面に出力し発行することなく、データのまま発行することで受領者側のデータ活用が可能となります。特にシステムで処理しやすい標準フォーマット(ペポル形式)のデジタルインボイスで受領することでシステム上の自動処理や自動振り込み、発行者側では消込み処理の自動化などのシステム対応も期待されています。

このようにインボイス制度の対応では、デジタルデータで処理可能な様々なサービスやシステムが登場します。インボイス制度への対応準備を、電子化の絶好の機会と捉え、経理業務のDX化を実現する検討を進めていただくために本書を執筆しました。

最後に本書の執筆に当たりシステム等の対応情報を担当いただきました各ベンダ(事業者)の皆様、そして出版に当たり多大なご尽力をいただいた税務研究会出版局の堀直人様に心より感謝申し上げます。

令和５年３月

SKJ総合税理士事務所

税理士　袖山　喜久造

目　次

3 インボイス制度対応による業務DX化の検討

4 電子帳簿保存法の概要

5 インボイス制度対応のシステム選定

巻末資料

1 消費税インボイス制度の概要と対応のポイント

令和５年10月１日から始まる消費税の適格請求書等保存方式（以下､「インボイス制度」といいます。）では、消費税申告においての仕入税額控除の方法が厳格になり、仕入税額控除の要件は、所要事項が記載されている帳簿の保存のほかに適格請求書の保存が要件となります。消費税の課税事業者は、まず、仕入税額控除の要件を満たすための準備をすると同時に、適格請求書を発行する準備も進めなくてはなりません。

消費税は、簡単に言えば、税の負担者（担税者）である消費者が売上対価等に係る消費税を事業者に支払い、事業者が納税義務者となり消費税の申告を行うことで国等に納税する仕組みとなっています。事業者は、原則として消費税の確定申告において、消費者から預かった消費税額から、事業において支払った消費税額を控除し、残額を納税することが基本的な消費税の納税制度となっています。仕入税額控除は、事業者が負担している消費税額を他の事業者が納税することで制度が成り立っていますが、納税義務を免除されている小規模事業者（免税事業者）などへの支払いであっても、その取引自体が消費税の課税取引の場合には原則として仕入税額控除が可能となっていたため、消費者が負担した消費税がすべて納税されていないことになり、事業者の手元に預かった消費税が留保されるという、いわゆる益税問題が生じていました。これを一定程度是正したのがインボイス制度です。

インボイス制度では、消費税課税事業者が消費税申告において仕入税額控除を行う要件として、適格請求書の保存を要件としています。適格請求書は、国に登録されている消費税課税事業者のみが発行することができるため、免税事業者等への支払いについては原則仕入税額控除を行うことができません。

本章では、消費税インボイス制度の概要と、対応のポイントについて解説していきたいと思います。

1 インボイス制度の概要

インボイス制度は、令和元年10月１日から導入された軽減税率制度において、複数税率に対応した新たな仕入税額控除の方式となります。買い手である事業者が､消費税申告に係る仕入税額控除の適用を受けるためには、帳簿のほか、原則として売り手から交付を受けた「適格請求書」等の保存が必要となります。

①　課税事業者が備え付ける帳簿

課税事業者は、帳簿を備え付けてこれに資産の譲渡等又は課税仕入れ若しくは課税貨物の保税地域からの引き取りに関する財務省令で定める事項を整然と、かつ、明瞭に記録しなければならないとされています（消費税法施行令第71条第１項)。

また、課税事業者（簡易課税を選択した課税事業者を除く）が仕入税額控除を受けようとする場合には、その課税期間の仕入税額控除に係る帳簿及び適格請求書を保存しなければなりません。帳簿書類の保存場所・保存期間については、その閉鎖の日の属する課税期間の末日の翌日から二月を経過した日から７年間、事業者の納税地（書類の場合は、納税地若しくは作成に係る法施行地内の事業所等）に保存しなければなりません。

②　帳簿に記載する事項

消費税法施行規則第27条では課税事業者の帳簿の記載事項については次の表のとおり規定しています。

記載事項	消費税法施行規則第27条第１項	令和５年10月１日以降
①資産の譲渡等に関する事項	第１号イ	資産の譲渡等の相手方の氏名又は名称
	第１号ロ	資産の譲渡等を行った年月日
	第１号ハ	資産の譲渡等に係る資産又は役務の内容 （当該資産の譲渡等が軽減対象課税資産等である場合には、資産の内容及び軽減対象課税資産の譲渡等である旨、仕入税額相当額の一定割合を仕入税額とみなして控除できる経過措置の適用を受ける場合は「80%控除対象」などその旨）
	第１号二	税率の異なるごとに区分した資産の譲渡等の対価の額（税込）
②資産の譲渡等に係る対価の返還等に関する事項	第２号イ	資産の譲渡等に係る対価の返還等を受けた者の氏名又は名称
	第２号ロ	資産の譲渡等に係る対価の返還等をした年月日
	第２号ハ	資産の譲渡等に係る対価の返還等の内容
	第２号二	資産の譲渡等に係る対価の返還等をした金額
③仕入れに係る対価の返還等に係る事項	第３号イ	仕入れに係る対価の返還等をした者の氏名又は名称
	第３号ロ	仕入れに係る対価の返還等を受けた年月日
	第３号ハ	仕入れに係る対価の返還等の内容（当該仕入れに係る対価等の返還等が他の者から受けた軽減対象課税資産である場合には、仕入れに係る対価の返還等の内容及び軽減対象課税資産の譲渡等に係るものである旨）
	第３号二	仕入れに係る対価の返還等を受けた金額
④保税地域からの引取り課税貨物に係る消費税額が還付される当該課税貨物に係る事項	第４号イ	保税地域の所在地を所轄する税関の名称
	第４号ロ	当該還付を受けた年月日
	第４号ハ	課税貨物の内容
	第４号二	当該還付を受けた消費税額
⑦貸倒れに関する事項	第５号イ	貸倒れの相手方の氏名又は名称
	第５号ロ	貸倒れがあった年月日
	第５号ハ	貸倒れに係る課税資産の譲渡等に係る資産又は役務の内容（当該貸倒れに係る課税資産の譲渡等が軽減対象課税資産等である場合には、資産の内容及び軽減対象課税資産の譲渡等である旨）
	第５号二	税率の異なるごとに区分した貸倒れにより領収をすることができなくなった金額

③　帳簿においての売上税額と仕入税額の処理

インボイス制度においては、課税売上に係る売上税額及び課税仕入れに係る仕入税額の会計処理の方法が、以下の通り定められています。

イ　売上税額

売上税額については、原則として、課税期間中の課税資産の譲渡等の税込金額の合計額に110分の100（軽減税率の対象となる場合は108分の100）を掛けて売上税額を算出します（割戻し計算）。

また、交付した適格請求書等を保存している場合に、そこに記載された税率ごとの消費税額等の合計額に110分の100（軽減税率の対象となる場合は108分の100）を乗じて計算した金額とすることもできます(積上げ計算)。

ただし、適格簡易請求書の記載事項は、「適用税率又は税率ごとに区分した消費税額等」であるため、「適用税率」のみを記載して交付する場合、税率ごとの消費税額等の記載がないため、積上げ計算を行うことはできません。

ロ　仕入税額

原則として、交付された適格請求書などの請求書等に記載された消費税額等を帳簿に計上します（請求書等積上げ計算）。

また、積上げ方式は、課税仕入れの都度、課税仕入れに係る支払対価の額に110分の10（軽減税率の対象となる場合は108分の８）を乗じて算出した金額（１円未満の端数が生じたときは、端数を切捨て又は四捨五入します。）を仮払消費税とし、帳簿に計上する方法も認められます（帳簿積上げ計算）。

これ以外の方法として、課税期間中の課税仕入れに係る支払対価の額を税率ごとに合計した金額に110分の100（軽減税率の対象となる場合は108分の100）を掛けて仕入税額を算出する方法も認められます(割戻し計算))。ただし、仕入税額を割戻し計算することができるのは、売上税額を割戻し計算する場合に限ります。

図表：インボイス制度における消費税の会計処理

【割戻し計算】課税期間中の課税売上、課税仕入れに係る対価の額を税率ごとに合計した金額に対し消費税額を割り戻す方法。
【積上げ計算】交付した若しくは交付された適格請求書に記載された消費税を積上げる方法。課税仕入れの都度消費税を積上げる「帳簿積上げ計算」も可。

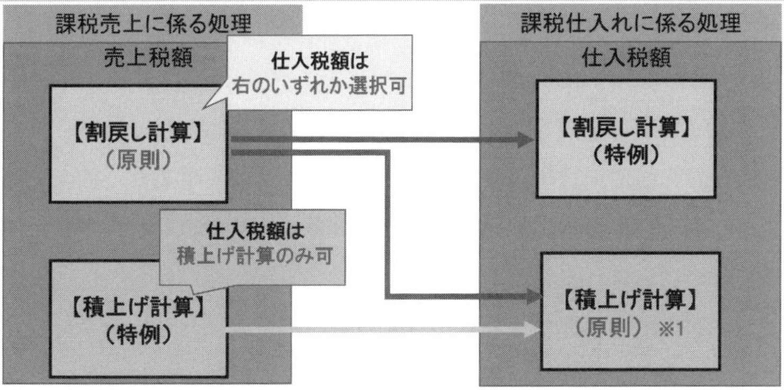

※1 「適格請求書の積上げ計算」と「帳簿積上げ計算」のいずれか（併用も可）
「帳簿積上げ計算」においては、課税仕入れの都度支払対価の額に110分の10（又は108分の8）を乗じた金額（端数は「切り捨て」又は「四捨五入」）を仮払消費税等とする

④　適格請求書等の保存

仕入税額控除の適用を受けるためには、課税仕入れ等の事実を記載した帳簿及び適格請求書等を保存する必要があります。売り手は買い手から適格請求書の交付を求められた場合には適格請求書を交付する義務が生じます。

適格請求書とは、売り手が買い手に対し正確に取引に係る消費税率や消費税額等を伝えるための手段として発行される書面の書類若しくは電磁的記録です。書類等の名称は問わず法令で定められている必要事項が記載されているものであればどの書類等でも問題ありません。

不特定多数の者に対して販売等を行う小売業、飲食業、タクシー業等に係る取引については、適格請求書に代えて適格簡易請求書を交付することもできます。

また、適格請求書は売り手が発行するもののほか、買い手が作成した仕入明細書等による対応も可能となります。

イ　適格請求書

適格請求書等に記載が必要な事項は、「適格請求書発行事業者の氏名又は名称及び登録番号」、「課税資産の譲渡等を行った年月日」、「課税資産の譲渡等に係る資産又は役務の内容」、「課税資産の譲渡等に係る税抜価額若しくは税込価額を税率の異なるごとに区分して合計した金額及び適用税率」、「課税資産の譲渡等につき課されるべき消費税額として税率の異なるごとに合計された消費税額等」、「書類の交付を受ける事業者の氏名又は名称」となり、特に適格請求書等の発行事業者等の請求書等発行事務は増加することが見込まれます。

なお、適格請求書等にこれらすべての事項が記載されていなくても、関連する注文書や納品書等のほかの書類と合わせて保存することにより必要な記載事項を確認することができれば適格請求書等の保存があるものとされます。

ロ　適格簡易請求書

適格請求書等発行事業者が、小売業などの不特定かつ多数の者に課税資産の譲渡等を行う一定の事業を行う場合には、適格請求書に代えて適格簡易請求書を交付することができます。適格簡易請求書は、請求書等の交付を受ける事業者の氏名又は名称の記載は必要ありません。また、適格請求書の記載事項のうち、「税率ごとに区分した消費税額」又は「適用税率」はどちらかの記載となります。

図表：適格請求書等の記載事項

●適格請求書等への記載事項

番号	記載事項	適格請求書	適格簡易請求書
1	適格請求書発行事業者の氏名又は名称	要記載	要記載
2	適格請求書発行事業者の登録番号	要記載	要記載
3	課税資産の譲渡等を行った年月日	要記載	要記載
4	課税資産の譲渡等に係る資産又は役務の内容（軽減税率対象の課税資産の譲渡等の場合、資産の内容と軽減対象資産である旨）	要記載	要記載

番号	記載事項	適格請求書	適格簡易請求書
5	課税資産の譲渡等の税抜金額又は税込金額を税率ごとに区分して合計した金額	要記載	要記載
6	課税資産の譲渡等の適用税率	要記載	6、7 いずれかの記載で可
7	税率ごとに区分した消費税額等	要記載	6、7 いずれかの記載で可
8	書類の交付を受ける事業者の氏名又は名称	要記載	不要

ハ　適格返還請求書

適格請求書発行事業者には、課税事業者に対する売上げに係る対価の返還を行う場合には、適格返還請求書を交付する義務が課されています。

適格返還請求書の記載事項は、「適格請求書発行事業者の氏名又は名称及び登録番号」、「売上げに係る対価の返還等を行う年月日及びその売上げに係る対価の返還等の基になった課税資産の譲渡等を行った年月日」、「売上げに係る対価の返還等の基となる課税資産等の譲渡に係る資産又は役務の内容」、「売上げに係る対価の返還等の税抜価額若しくは税込価額を税率の異なるごとに区分して合計した金額」、「売上げに係る対価の返還等の金額に係る消費税額等又は適用税率」となります。

適格返還請求書は、交付する適格請求書の返還に係る部分を区分して記載して交付することができます。

なお、令和５年度の改正により、１万円以下の少額の売上対価の返還を行った場合の適格返還請求書の交付義務が免除されることになりました。この改正により、振込手数料を差し引いて代金を支払われた場合（売り手が振込手数料等を負担する場合など）などにおいて、請求額と入金額の差額について消費税申告において売上対価の返還として売上税額から控除して申告することで、適格返還請求書の交付義務が免除されることになり、売り手側の事務負担が軽減されることになりました。この場合に、当該差額を経費処理（支払手数料勘定等で経費処理）した場合でも、消費税申告において調整計算を行い、負担した振込手数料等の額を売上対価の返還として申告を行う場合には、本規定の適用を受けることができるとされています[1]。

図表：適格返還請求書の記載事項

●適格返還請求書への記載事項

番号	記載事項	適格返還請求書
1	適格請求書発行事業者の氏名又は名称	要記載
2	適格請求書発行事業者の登録番号	要記載
3	売上げに係る対価の返還等を行う年月日及びその売上げに係る対価の返還等の基になった課税資産の譲渡等を行った年月日	要記載
4	売上げに係る対価の返還等の基となる課税資産等の譲渡係る資産又は役務の内容（軽減税率対象の課税資産の譲渡等の場合、資産の内容と軽減対象資産である旨）	要記載
5	売上げに係る対価の返還等の税抜価額若しくは税込み価額を税率の異なるごとに区分して合計した金額	要記載
6	課税資産の譲渡等の適用税率	要記載
7	売上げに係る対価の返還等の金額に係る消費税額等	7、8 いずれかの記載で可
8	売上げに係る対価の返還等の金額に係る適用税率	7、8 いずれかの記載で可

二　適格請求書を発行した場合の控えの保存義務

適格請求書発行事業者は、適格請求書を発行した場合には、その控えの保存が義務付けられます。書面で発行した場合には当該書面の控えを保存、データで発行した場合には原則として電帳法の規定に従ってデータで保存することが必要となります。

⑤　適格請求書作成上の留意点

イ　適格請求書に記載する消費税額の計算（端数計算方法）

適格請求書とする書類に記載する消費税額は、その書類ごとに記載した

1　財務省が公表するインボイス制度の負担軽減措置（案）のよくある質問とその回答財務省（令和５年１月20日時点）問18においては．売り手が負担する振込手数料を、会計上は支払手数料として処理し、消費税法上は対価の返還等と取り扱うことができるとされています。なお、消費税法上、売上値引きとして処理する場合には、帳簿に対価の返還等に係る事項（当該支払手数料が売上値引き等に係るものであることが判別できる項目など）に該当するものとして判別できる事項を記載し、保存することが必要となります。

取引を税率ごとに区分して合計した金額に対し消費税率を掛けて消費税額を算出します。消費税額の計算における端数処理は、書類ごとに一回のみ行います。

なお、取引明細ごとに消費税額を算出して合計する方法では、端数計算が複数回となるため注意が必要です。

ロ　適格請求書をデータで交付する場合

適格請求書は、書面での交付に代えてデータで提供することもできますが、データで提供する場合には、発行側も受領側も電子帳簿保存法の規定に従ってデータを保存する必要があります（電帳法の保存要件については、「4　電子帳簿保存法の概要」（72頁）を参照してください）。

ハ　仕入明細書による対応

売り手が適格請求書を交付することに代えて、買い手側が作成する一定の事項が記載された仕入明細書等を保存することにより仕入税額控除の適用を受けることができます。この場合には、当該仕入明細書への記載事項は、適格請求書に記載すべき事項が記載されていること、売り手側の確認を受けたものであることが必要です。売り手の確認の証跡を残す方法でも、一定期間連絡がない場合の無連絡をもって承諾することを仕入明細書に記載し、確認したこととすることでも対応ができます。

⑥　適格請求書発行事業者の登録

適格請求書を発行しようとする課税事業者は、納税地を所轄する税務署長に適格請求書発行事業者の登録申請書（以下、「登録申請書」といいます。）を提出し、適格請求書発行事業者の登録を受けなければ、適格請求書等の発行ができません。

適格請求書の登録を受けられるのは、消費税課税事業者に限られています。令和５年10月１日に適格請求書発行事業者の登録を受けようとする事業者は、納税地を所轄する税務署長に原則として令和５年３月31日までに登録申請書を提出しなければなりません。

なお、免税事業者については、適格請求書発行事業者の登録を行うことはできませんが、消費税課税事業者選択届出書を提出し課税事業者に該当することとなった場合には登録することが可能です。ただし、免税事業者が令和５年10月１日の属する課税期間中に登録申請書を提出し適格請求書発行事業者の登録を受けることとなった場合には、経過措置により登録を受けた日から課税事業者となることができます。この場合、免税事業者は消費税課税事業者選択届出書の提出は不要となります。

登録申請書の提出を受けた税務署長は、適格請求書発行事業者登録簿に法定の事項を登載し登録を行い、登録を受けた事業者に書面で登録番号等の通知を行うこととなっています。

登録申請書を提出し一旦登録簿に登載された事業者は、その後免税事業者に該当することとなった場合であっても原則として課税事業者として消費税の納税義務が免除されることにはなりません。適格請求書発行事業者の登録を取り消す場合には、適格請求書発行事業者の登録の取消しを求める旨の届出書を、当該取り消したい課税期間の開始の日の前日の31日前までに納税地を所轄する税務署長に提出する必要があります。

⑦　登録簿情報の公表

登録申請書の提出を受けた税務署長は、申請書の審査後、適格請求書発行事業者に該当する場合には、提出者の氏名又は名称及び登録番号等を適格請求書発行事業者登録簿（以下、「登録簿」といいます。）に登載します。登録簿に登載されている事項については、相手方から交付を受けた請求書等が適格請求書等に該当することが確認できるように、制度開始後に国税庁が提供する公表サイトにおいて確認をすることができます。

また、登録簿情報は、システムで自動確認ができるように、登録簿のデータベースが取り込めるWeb-APIの仕様が公開されているため、利用するシステムによっては登録番号情報から自動で登録の有無の確認を行い仕入税額等の会計処理が適正に行えるシステムも登場します。

⑧　令和５年度改正について

令和５年度の消費税法改正においては、免税事業者を含む中小事業者等のインボイス制度対応について、事業者の業務負担の軽減を図るために、免税事業者が課税事業者を選択した場合の納税額の算出方法や、中小企業の適格請求書の保存、振込手数料等の問題、登録申請手続きの見直しが行われました。

イ　免税事業者が課税事業者を選択した場合の負担軽減（経過措置）

令和５年10月１日から令和８年９月30日までの日の属する課税期間において、免税事業者が課税事業者の選択をした場合には、納付税額を売上税額の20%とすることができるように措置がされました。ただし、令和５年10月１日以前から課税事業者を選択している場合には、本措置の適用はありません。

このような事業者が本措置の適用を受けたい場合には、令和５年10月１日の属する課税期間中に「課税事業者選択不適用届出書」を提出することで、同課税期間の課税事業者の効力を失効することができ、改めて適格請求書発行事業者の登録申請を行うことで本措置の適用を受けることができるようになります。

ロ　少額の仕入税額控除の適格請求書の保存を免除（経過措置）

基準期間における課税売上高が１億円以下又は特定期間[2]における課税売上高が5,000万円以下である事業者が、令和５年10月１日から令和11年９月30日までの間に国内において行う課税仕入れについて、当該課税仕入れに係る支払対価の額が１万円未満である場合には、一定の事項が記載された帳簿のみの保存による仕入税額控除を認められるように措置がされました。

ハ　少額の適格返還請求書（返還インボイス）の交付義務の免除

事業者の実務に配慮し、事務負担を軽減するために、売上対価の返還等に係る税込価額が１万円未満である場合には、その適格返還請求書の交付

2　特定期間とは、前年又は前事業年度の開始の日以後６か月の期間を指し、この期間の課税売上高が5000万円以下の場合には、基準期間において課税売上高が１億円超であったとしても特例の適用を受けることができます。

義務を免除されることになりました。これにより、買い手側の一方的な都合により差し引かれた振込手数料相当額やその他の経費を、売り手側が売上値引きとして処理する場合の適格返還請求書の交付義務が免除されることとなりました。

二　登録申請等の申請期限等についての見直し

免税事業者が適格請求書発行事業者の登録申請書を提出し、課税期間の初日から登録を受けようとする場合には、当該課税期間の初日から起算して15日前の日（現行：当該課税期間の初日の前日から起算して一月前の日）までに登録申請書を提出することとされました。この場合において、当該課税期間の初日後に登録がされたときは、同日に登録を受けたものとみなされます。

また、令和５年10月１日以後に適格請求書発行事業者の登録を受けようとする免税事業者は、その登録申請書に、提出する日から15日を経過する日以後の日を登録希望日として記載しなければなりません。この場合において、当該登録希望日後に登録がされたときは、当該登録希望日に登録を受けたものとみなされます。

この改正により、令和５年10月１日から適格請求書発行事業者の登録を受けようとする事業者が、その申請期限後に提出する登録申請書に記載する困難な事情については、運用上、記載がなくとも改めて求めないものとされています。

消費税法の令和５年度改正

イ　免税事業者が課税事業者を選択した場合の負担軽減（経過措置）

消費税の納税額を売上税額の20％に軽減する激変緩和措置を導入

⇒令和５年10月１日から令和８年９月30日の属する課税期間が適用対象

ロ　少額の仕入税額控除の適格請求書の保存を免除（経過措置）

１万円未満の課税仕入れについて、帳簿の記載のみを要件とする

⇒令和11年９月30日まで適用対象（施行後６年間）

※基準期間（前々年・前々事業年度）の課税売上高が１億円以下の事

業者が対象
（前年又は前事業年度開始の日以後６か月の課税売上高が５千万円以下の場合特例対象）
ハ　少額の返還インボイスの交付義務の免除
少額の値引き等（１万円未満）についての、返還インボイスの交付義務を免除
⇒決済の際の買い手側の都合で差し引かれた振込手数料相当額の値引きやその他の経費を売り手が負担する場合などに配慮
ニ　登録申請等の申請期限等についての見直し
免税事業者が課税期間の初日から登録事業者となる場合の登録申請書の提出期限を登録日の15日前までとする
⇒登録申請を登録の15日前までに提出すれば、課税期間の初日から登録されているものと取り扱う

2　インボイス制度の対応準備

インボイス制度の対応の準備は、適格請求書の発行側と受領側の検討と同時に進めなくてはなりません。特にインボイス制度では、適正に適格請求書を発行できなければ買い手側は仕入税額控除の適用を受けることができなくなる恐れがあり、売り手側がいかに適格請求書を適正に発行するかが最重要となります。

買い手側の検討では、仕入税額控除の適用を受けるための対応で、帳簿や適格請求書を保存する検討が重要となります。

また、適格請求書はデータで発行や受領することができるため、経理業務を電子化するには絶好の機会となります。様々なベンダが、インボイス制度のシステム対応を行い、データを活用した業務処理ができるシステムをリリースします。このようなシステム等を活用して経理業務のDX化を検討し、業務効率化や処理の適正化を図ることもインボイス制度の対応で

は重要となってきます。

図表：インボイス制度対応のポイント

1. 適格請求書発行方法の検討
・発行する納品書・請求書・領収書等の適格請求書対応
・返品・割引・割戻し・販売奨励金など支払う場合の返還インボイスの発行

2. 適格請求書の保存方法の検討
仕入先等から受領する受発注・請求書の授受方法や保存方法の検討
（①書面orデータ・②入力や保存方法・③登録番号確認方法）

3. DXが推進される業務プロセス構築
電子化による業務プロセスを見直した後、内部統制が強化されたか？
不正防止の観点からのデータによる検討が行えるか？

適格請求書は、書面による発行や受領でも対応できますが、インボイス制度下では電子インボイスによる発行も可能となります。電子インボイスを活用し、発行時や受領時の業務負担を減らす検討が望まれます。今後、電子インボイスを活用できる様々なクラウドサービスや会計システムが登場します。中小企業においても十分に投資に見合った業務処理のDX化が可能なサービスがリリースされることが予想されるため、インボイス制度の対応をデジタル化により行い、経理業務のデジタル化をきっかけとした会社全体の業務DX化の検討を進めていただければと思います。

2 電子インボイスによるインボイス制度への対応

令和５年10月１日から始まる適格請求書等保存方式（以下、「インボイス制度」といいます。）では、消費税課税事業者が発行する請求書等は、適格請求書等により交付することが義務付けられます。適格請求書等の発行方法は、書面に加え電磁的記録によることも可能となります（以下、電磁的記録で交付された適格請求書等を「電子インボイス」といいます。）。

企業のインボイス制度の対応では、仕入税額控除要件への対応とともに、適格請求書の交付方法や受領後の処理等についての検討が必要となります。適格請求書の発行は書面（紙）で行うことでも対応は可能ですが、電子インボイスのデジタルデータを活用することにより業務の効率化や処理の適正化が可能となります。

1 インボイス制度の対応を電子インボイスで行う理由

令和５年10月１日から始まるインボイス制度では、消費税課税事業者が消費税申告において仕入税額控除を行う場合には、所要事項が記載された帳簿の保存と適格請求書等を保存することが要件となります。適格請求書等の発行は、登録された適格請求書発行事業者のみが行えますが、書面に加え電磁的記録による発行も可能となります。

事業者のインボイス制度の対応では、仕入税額控除要件への対応とともに、適格請求書の交付方法や受領後の処理方法などについての検討も必要となります。対応は書面で行うことでも問題はありませんが、電子インボイスによる対応により請求書等の発行業務が格段と効率化がされることになり、また受領者側においてのデジタルデータの活用が容易となります。

そもそも取引先に発行する請求書などは、システムやソフトウェアにより作成されていることがほとんどでしょう。このようなデータで作成されている請求書等をデータのまま取引先に交付することで、請求書発行の際の業務の効率化や、受領側では当該請求書等のデータを活用（DX）した業務処理が可能となります。

発行事業者側では､請求書を書面に出力し押印や郵送等の発送の業務は、データで発行することによりかなりの効率化が図れます。請求書等をデータにより発行する場合、１件ずつ担当者がメールに添付する方法では、送付の手間がかかるうえ、添付ファイルの間違え、送付漏れ、送付先間違いなどが発生するリスクもあり、さらに組織として発行データの管理が行き届きません。また、受領側においてもメールにより送付された請求書等の社内処理では、メールの確認漏れなど、業務処理を行うにも上司への確認や承認依頼をメールで行うことで対応していた企業もありますが、処理に時間がかかり、業務処理にかえって時間がかかることになります。

コロナ禍においてテレワーク対応をしている企業ではこうしたメールによる取引先への書類の発行や受領で対応していた企業も多いと思いますが、対応は困難を極めていたといえるでしょう。

このように、請求書等をデータにより発行する際には、どのような方法で発行すれば効率化が図れ、的確に発行することができるのかについても検討が必要となりますが、近年は請求書等の発行に当たり、様々なクラウドサービスがあります。こうしたクラウドサービスを活用して、請求書等の発行業務の効率化やデータによる業務管理を行う方法に切り替えることで、インボイス制度の対応ができるだけでなく、経理業務等のDX化が行えることになります。

2 電子インボイスの電帳法対応について

インボイス制度の対応では、適格請求書の発行や受領時においての準備が必要です。書面による発行や受領でも対応できますが、インボイス制度下では電子インボイスを活用し、発行時や受領時の業務負担を減らす検討が望まれます。当該電子インボイスは電帳法第７条で規定される電子取引に該当し、消費税法施行規則第15条の５により、電帳法施行規則第４条第１項の規定に従って保存することが規定されています。

電帳法は、令和３年度税制改正により企業等のデジタル化を促進させるために改正され、国税関係帳簿書類の電子化や電子取引データの保存要件が大きく緩和されました。この改正により多くの納税者の電子化が促進され、経理業務等の効率化や処理の適正化、記帳水準の向上などが期待されています。

一方で、特にインパクトがあった改正は、電子取引データの出力書面による保存方法が廃止となったことです。電子取引データは、電帳法の保存要件に従ったデータによる保存が必須となり、電子インボイスによる対応をする場合でも、原則として電帳法の法令に対応したデータ保存をする必要があります。

各税法で保存義務が規定される帳簿書類については、書面保存が原則であり、データで保存するかどうかについては各納税者の任意により選択できますが、データで保存する場合に電帳法の各要件への対応が必要となります。一方で、電子取引については、所得税及び法人税の保存義務者は企業規模に関わらず、どの企業等も電帳法の法令への対応が必要となります。

多くの企業がインボイス制度の検討をしなければなりませんが、電子インボイスの発行や受領をした場合には、電帳法の法令要件を満たした保存方法を検討する必要があります。すべての企業が一律に電子インボイスを発行するわけではなく、書面による適格請求書の発行や受領も全くなくなるわけではありません。これまでは、ほとんどの企業が取引書類は書面を主体とした保存をしていたため、電子取引により受領した取引書類データは書面に出力し、他の書面書類と一元管理をするケースが非常に多かったと思います。これは、電帳法第10条（改正前）では、電子取引データの出力書面による保存が容認されていたためで、改正電帳法では、電子取引データの出力書面による保存が原則としてできませんから、今後取引書類を一元的に管理する場合には、データを主体とした保存方法に切り替える必要があります。

令和３年度の電帳法の改正は、帳簿書類等のデータによる保存をする際に対応が必要な法令要件が大幅に緩和されています。帳簿作成のデジタル化による記帳水準の向上、取引先との書類の授受方法のデジタル化やデータを活用した業務処理によるDX推進による業務効率化のほか、業務の適正処理が行えるようにすることが望まれます。企業等の電子化の検討においては、単に電帳法の法令に対応する検討に留めず、データを活用した取引書類の授受方法の電子化を進めること、社内の業務処理はデータを活用して行えるようにすることなど、DX化の検討を進めていく必要があります。

今後、様々なクラウドサービスや会計システムが登場し、中小企業においても十分に投資に見合った業務処理のDX化が可能となります。こうしたシステム等を活用しインボイス制度の対応や経理業務のデジタル化を進めていただければと思います。

消費税法施行規則（令和５年10月１日施行）

（適格請求書等に記載すべき事項に係る電磁的記録の提供を受けた場合等の保存方法）

第十五条の五　令第五十条第一項及び第二項に規定する財務省令で定める方法は、これらの規定に規定する電磁的記録を、電子計算機を使用して作成する国税関係帳簿書類の保存方法等の特例に関する法律施行規則第四条第一項各号（電子取引の取引情報に係る電磁的記録の保存）に掲げる措置のいずれかを行い、同項に規定する要件に準ずる要件に従って保存する方法とする。
2　令第五十条第一項及び第二項並びに前項の規定にかかわらず、これらの規定により同条第一項及び第二項に規定する電磁的記録を保存する事業者は、当該電磁的記録を出力することにより作成した書面（整然とした形式及び明瞭な状態で出力したものに限る。）を保存する方法によることができる。この場合において、当該事業者は、当該書面を、これらの規定により保存すべき場所に、これらの規定により保存すべき期間、整理して保存しなければならない。

3　電子インボイスの発行の検討

国税庁に適格請求書発行事業者として登録された当該事業者は、取引先から適格請求書の交付を求められた場合には、適格請求書の交付をすることが義務付けされます。交付に当たっては消費税法第57条の４の規定により適格請求書を作成する必要があります。さらに売上対価の返還をした場合には、取引先に適格返還請求書を交付することになります。適格請求書や適格返還請求書に記載すべき事項、記載すべき消費税額の計算方法などの検討が必要となります。

また、適格請求書発行事業者が適格請求書を発行した場合には、その控えの保存も義務付けされます。適格請求書控えを書面で保存することとするのか、あるいはデータで保存することとするのかにより電帳法の法令対応方法が異なります。

作成された適格請求書を電子インボイスとして取引先に交付する場合には、どのような方法で取引相手に交付をするかについて検討します。電子取引の形態については様々な方法があります。確実に取引相手に交付されること、取引先においての利便性などを考慮し、クラウドサービスなどの利用もお勧めします。

なお、後述するとおり標準化された電子インボイス（デジタルインボイス）を活用することでデータ入力の自動化などの対応を会計システム等で行えるようになり、受領者側では非常に利便性が向上することが期待されています。自社で作成された適格請求書のデジタルインボイスへの変換は、デジタル庁に認定されたプロバイダが行うことになります。請求書配信を行うクラウドサービスにおいて標準フォーマットへの変換ロジックを組み込むことでデジタルインボイスが普及するものと思われます。

①　適格請求書の記載項目の検討

適格請求書は、自社が発行する請求書に限らず、ほかの書類も適格請求書になりえます。書面のインボイスでも電子インボイスでも記載項目はすべて網羅して記載する必要があります。どの書類を適格請求書にするかについては、それぞれの事業者で異なります。納品書と請求書の組み合わせのように、複数の書類を合わせて適格請求書とすることも可能です。複数書類で適格請求書に対応する場合、書面と電子インボイスを組み合わせる方法でも問題はありませんが、適格請求書の控えの保存に当たっては、該当する書類の関連付けをしてデータで保存する必要があります。

図表：複数書類による適格請求書の対応

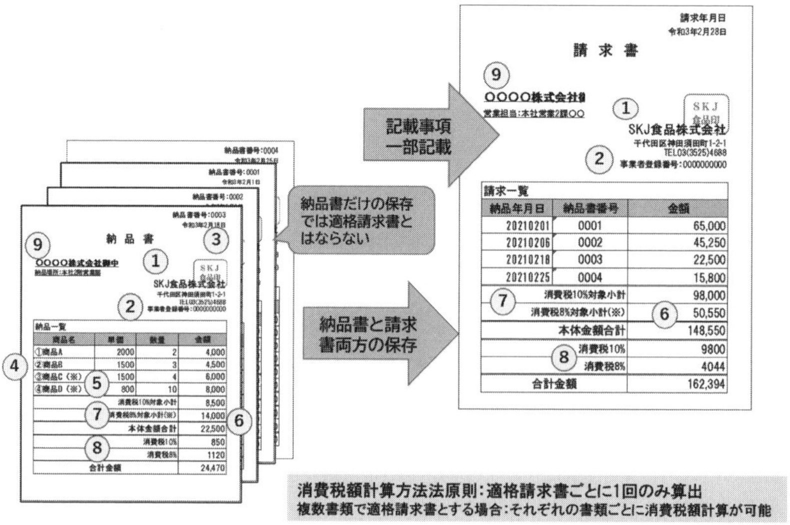

②　記載する消費税額の計算方法の見直し

適格請求書に記載すべき消費税額は、その適格請求書ごとに記載される消費税率ごとの合計対象金額に税率を１回のみ掛けて計算します。税率を掛けて生じる１円未満の端数処理は税率ごとに１回のみ行えるということです。従来の請求書等の消費税額の計算方法が、取引明細ごとに税率を掛けて計算し、合計金額を記載している場合には計算方法の見直しが必要となります。

この消費税額の計算方法は、原則として請求書等の作成方法を見直す必要があります。システムやソフトウェアの改修が必要となるケースは多くなります。

一方、現在請求書を作成している業務･会計システム等の修正は行わず、帳票作成ソフトウェアを利用して、取引明細データを基に税率ごとに区分して課税資産の譲渡等の税込合計金額を計算し、これに税率を掛けて消費税額を算出し請求書（帳票）を作成する方法でも対応が可能です。

現在使用しているシステム等が取引明細ごとに消費税額を計算する方法であっても、下図のように帳票作成ソフトウェアにおいて請求書（帳票）作成時に消費税額を再計算することにより、法令で求められる「税率ごと

図表：帳票ソフトウェアで請求書の消費税額を計算

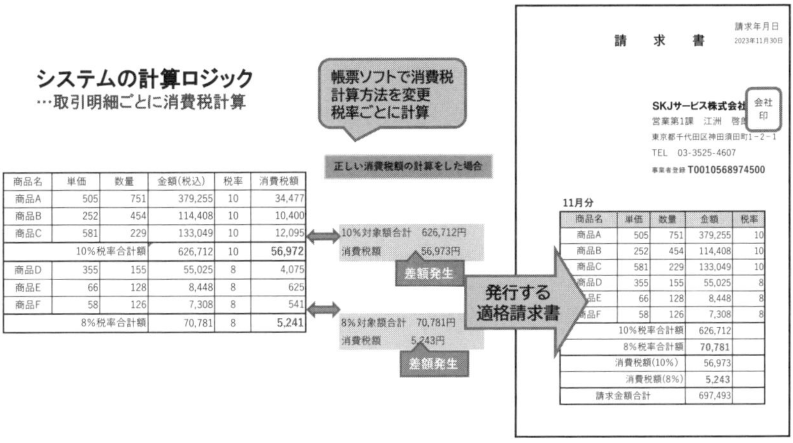

に一回ずつの端数処理」が行われ、適格請求書に記載すべき消費税額を適正に表示することができます。

この方法を採用する場合には、現在使用している業務・会計システムにおいて取引明細ごとに会計処理を行う際に税込金額をベースとして仕訳処理（売上及び仮受消費税計上）が行われるケースが前提となり、売上税額の計算については原則的方法である割戻し計算方式を採用する必要があります。

割戻し計算方式では、期末に一括して課税資産の譲渡等の税込合計額を割戻して売上に係る消費税額の計算を行うため、期中に会計処理された取引明細ごとの消費税額や適格請求書に記載した消費税額は申告計算に使用しません。また、取引明細ごとの消費税額と適格請求書に記載した消費税額が不一致であっても、それぞれの税込価額（売掛債権額）は一致していることから差額調整等のための会計処理は発生しないため、結果として、業務・会計システムの改修等の検討を行う必要がありません。

このような帳票ソフトとしては以下のシステムで実現できます。

【PaplesReports（パピレスレポーツ）】

販売会社：日鉄日立システムソリューションズ株式会社

製品HP：https://paplesreports.nhs.co.jp/

ライセンス価格（税抜）：110万円～

お問い合わせ先：paples-info@nhs.co.jp

PaplesReportsはインボイスなどの帳票をノンプログラミングで簡単にデザインでき、よく利用される３大出力機能（印刷・PDF・Excel）をワンパッケージで提供する製品です。

単票形式以外に鑑・明細帳票、複写帳票など複雑なレイアウトにも対応しており、Excel、Word形式の既存帳票レイアウトを読み込むこともできるため効率よくデザインできます。

基幹システムから連携したCSV形式などの帳票データを取り込み、

値をそのまま帳票に出力することはもちろん、帳票上の値を使った計算式を設定することが可能なため、PaplesReports側で税率ごとの合計金額や消費税額を算出してインボイスを発行することができます。

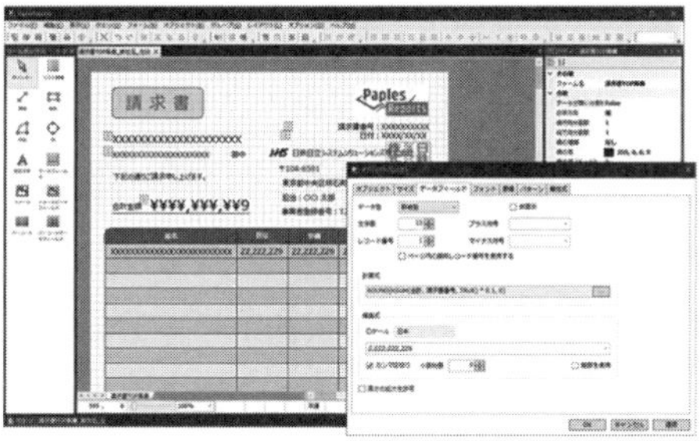

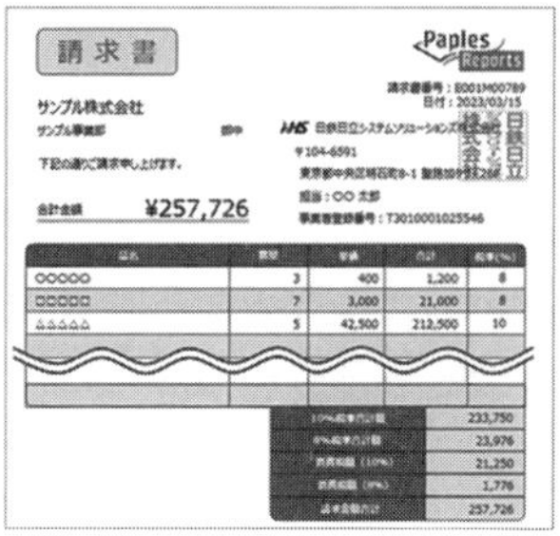

＜PaplesReportsデザイナー＞　＜作成されたインボイスイメージ＞

--Paples [1]（パピレス）やDocYou（ドックユー）との連携で帳票の保管・活用・送受信も可能に--

統合帳票基盤ソリューションPaplesと連携することで、PaplesReportsで作成した帳票の保管・活用も可能です。Paplesの電子帳票機能にて、保管しているインボイスの要件を満たした検索が可能で、PaplesReportsで計算した帳票（インボイスなど）の金額などをCSV形式で一括ダウンロードし税金計算を行うなど、さまざまな2次活用が可能です。

そのほか、各種法令対応や税務調査などにもご活用いただけます。

さらに、電子契約・電子取引クラウドサービスDocYouと相互連携し、取引先との電子インボイスの送受信を的確に行うことができます。

Paples製品HP：https://www.nhs.co.jp/package/paples/

DocYou製品HP：https://docyou.nhs.co.jp/

1　Paplesは、JIIMA（公益社団法人日本文書情報マネジメント協会）の電子帳簿ソフト法的要件認証（200300-01）、電子書類ソフト法的要件認証（501300-00）、スキャナ保存ソフト法的要件認証（002200-00）。電子取引ソフト法的要件認証（606700-00）の認証製品です。

※ PaplesReports、Paples（パピレス）、DocYouは、日鉄日立システムソリューションズ株式会社の登録商標です。
※ その他本資料記載の製品名は各社の商標又は登録商標です。

③ 電子インボイスの発行方法の検討

適格請求書をデータで発行する場合、どのような方法で取引先に発行するかについて検討します。データで取引先に発行する方法は様々ですが、データで発行するメリットを最大限享受するには、発行の効率化とデータ管理ができる方法を検討する必要があります。

データで送る方法は、メールに添付する方法が一番簡単ですが、取引先ごとに「宛先のメールアドレス」、「件名や本文の入力」、「請求書等のデータの添付」など、1件ごとの送付には手間がかかります。送付する件数が少なければメールに添付して送る方法で対応しても問題ないと思います。一般的にメールによる請求書等データの送受信は補助的、若しくはコロナ禍の対応のように一時的に使用する場合には一定の効果がありますが、恒常的に利用するには効率化や業務管理の観点からもクラウドサービスを利用するほうが効果的です。特にインボイス制度対応や電帳法の法令要件対応などは、法令対応されているクラウドサービスを利用することで、発行の効率化や電帳法対応が容易になります。

クラウドサービスを利用する場合、発行するインボイスのデータ形式は様々です。多いのは帳票データ（PDFなど）をクラウドにアップロードし取引先にダウンロードしてもらう方法です。帳票データは、閲覧しやすいですが、システムでデジタル活用するには記載内容をOCRなどで読み取りをする必要があります。発行する請求書等に記載されているデータをCSV（コンマでデータ項目が区切られたデータ）などでアップロードし、取引先には当該CSVデータをダウンロード若しくは取り込みできるクラウドサービスもあります。この場合には、帳票のように読み取りをすることなく自社システムへの入力設定により入力の効率化や適正化が可能となります。

図表：電子インボイスの発行方法の検討

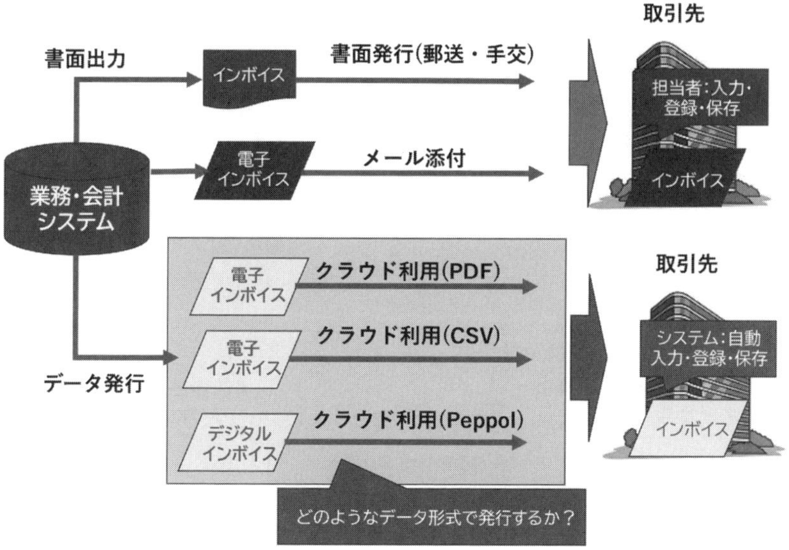

なお、電子インボイスはデジタルインボイス推進協議会（EIPA）において標準化が検討され、標準化されたインボイスはペポル（Peppol）形式となります。いわゆるEDIデータのように、フォーマットが統一されており、データの入力や支払処理の自動化などの対応が会計システム等で行えるようになります。自社で作成した適格請求書を標準フォーマットへ変換するためには、デジタル庁に認定された認定プロバイダのアクセスポイントへの接続が必要とされますが、請求書配信を行うクラウドサービスにおいて標準フォーマットへの変換ロジックを組み込むことで標準フォーマットによる電子インボイス（以下、標準化された電子インボイスを「デジタルインボイス」といいます。）が普及するものと思われます。

CHECK!　適格請求書等の発行に当たっての検討ポイント

- 自社が発行するどの書類を適格請求書とするか
- 適格請求書への所要事項を記載する検討

- 適格請求書の作成単位による消費税額計算（端数計算）方法を検討
- 適格請求書等の交付方法を検討（書面又は電子インボイス）
- 対価の返還（返品、割引・割戻し・販売奨励金等）の場合、適格返還請求書を発行
- 適格請求書の控えの保存方法の検討
- 電子インボイスのデータ形式の検討
- 電子インボイスの授受システムを検討

図表：適格請求書の交付及び受領

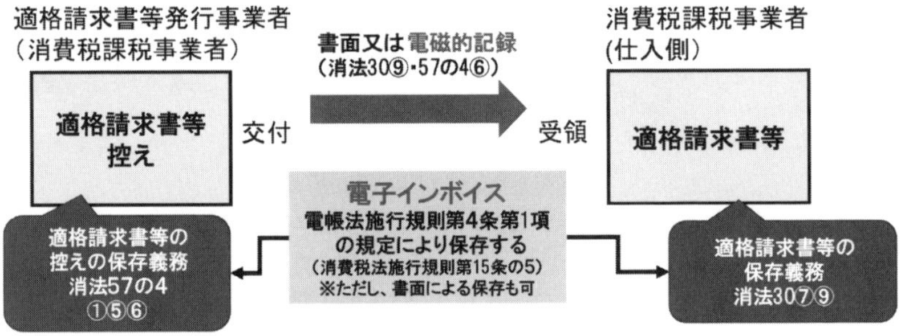

インボイス制度導入で変更されている点
①適格請求書は書面又はデータで発行・受領・保存が可能
②発行者の請求書控えの保存が義務付け
③課税仕入れ要件：すべての支払いに係る適格請求書の保存が必要
…現行消費税法の請求書等の保存(3万円以上の支払のみ)は廃止

4 電子インボイスの保存方法の検討

電子インボイスは、発行側、受領側双方において電帳法第７条で規定される電子取引に該当し、消費税法施行規則第15条の５において、電帳法施行規則第４条第１項の規定により保存することが規定されています。ただし、電帳法では令和３年度改正により、電子取引データの書面による保存が廃止されていますが、消費税法施行規則同条第２項においては、電子インボイスを書面に出力し整理保存する方法も認めています。これは、消費

税に係る保存義務者が行う電子取引の取引情報に係る電磁的記録の保存については、その保存の有無が税額計算に影響を及ぼすことなどを勘案したことが理由です。

法人税及び所得税の納税義務者（以下、「法人税等の納税義務者」といいます。）が電子取引により取引情報を授受した場合には、電帳法第７条により当該電子取引データの保存が義務付けされています。法人税等の納税義務者以外の消費税の納税義務者（以下、「消費税固有の納税者」といいます。）が仕入税額控除を行う場合には、電子インボイスの書面保存を行うことは問題ありませんが、法人税等の納税義務者は電子インボイスを電帳法で規定される要件に従って保存する必要があります。

今後インボイス制度開始後は、電子インボイスにより、請求書等を発行する事業者が多くなることが予想されますが、書面のインボイスが全くなくなるわけではありません。電子インボイスで受領する場合には、電帳法第７条の規定に従ったデータ保存が必要となりますが、書面で受領した適

図表：適格請求書等のデータによる保存方法

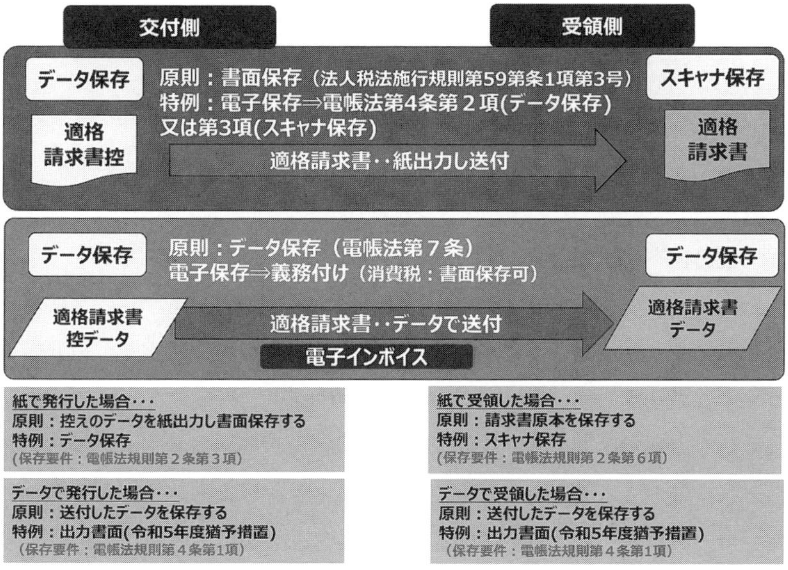

格請求書を書面で保存すると、データで保存されている適格請求書と二元管理されることになります。今後適切な適格請求書の保存を行うためにはデータによる一元管理の検討を行う必要があります。書面で受領した適格請求書は、電帳法第4条第3項で規定される国税関係書類のスキャナ保存によりデータ保存できます。原本は廃棄して、ほかの電子インボイスと網羅性が確保された状態でデータによる保存を検討することをお勧めします。

さらに、適格請求書の処理に当たり当該デジタルデータにより業務処理を行い、経理業務のDX化の検討も同時に行うことが重要です。

5 電子インボイスの受領後の入力・業務処理の検討

電子インボイスは電子取引データとして電帳法の要件に従って保存することも必要ですが、インボイス制度への対応を電子化により行う場合には、単にデータを保存するだけではなく、データを活用した業務処理を検討することが重要となります。請求書の業務処理の電子化の検討については、「3　インボイス制度対応による業務DX化の検討　2請求書処理業務の電子化」（62頁）を参照してください。

業務処理を電子化する際には、受領した電子インボイスを自社のシステムに入力する必要があります。どのようなデータ形式で電子インボイスを受領するかにより自社システムへの入力方法や処理方法が異なってきます。

①　EDIデータで受領

EDIシステムにより授受される取引情報は、送受信者双方の基幹システム等で作成され、授受されることになります。取引書類に代えてEDIデータにより取引データを授受するシステムがEDIシステムであり、授受されているEDIデータが電子取引に係る取引データに該当します。当該EDIデータは電帳法で規定される電子取引であり保存が義務付けされます。また、当該EDIデータに適格請求書データが含まれている場合には、電子インボイスとして保存することが仕入税額控除の要件となります。

インボイス制度の対応では、どのメッセージ情報が適格請求書に該当するのか、フォーマット項目が適格請求書の記載項目を充足しているか、消費税額の計算方法は適正か、等について検討が必要となります。

図表：EDIシステム利用者のインボイス制度対応

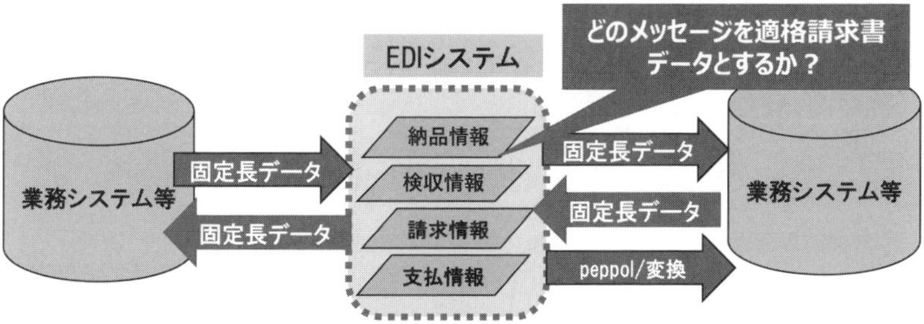

☑どのメッセージを適格請求書データとするか
適格請求書は請求データ以外のメッセージ情報で対応可能
☑適格請求書データとするメッセージ情報に法令項目が含まれているか
適格請求書には記載すべき法令項目をすべて記載することが必要
☑消費税額の計算方法はメッセージの明細ごとに1回計算する(端数処理)
取引明細ごとではなくメッセージごとに消費税額の計算が必要
☑EDIデータの保存方法を検討する
EDIデータが保存されていなければ適格請求書の保存がされていないことになる

また、EDIデータの保存については、多くの企業が、送信前又は受信後の自社の基幹システムでデータを保存することでEDIデータの保存がされていると誤解をしている企業が非常に多くなっています。EDIデータについては、電帳法第７条で規定される電子取引データに該当し、そのメッセージ（各取引過程の情報）ごとにEDIフォーマットデータを可視性を確保した状態で保存する必要があります。このため、ヘッダー情報やマスター参照などができる状態で電子取引データの保存要件を満たしたデータの保存を検討する必要があります。

なお、EDIデータの保存に当たっては、売上対価の返還を行った場合の適格返還請求書データの保存も必要になります。最終的な確定データのみを保存することとしている場合には注意が必要です。

図表：EDI取引データの保存方法を検討

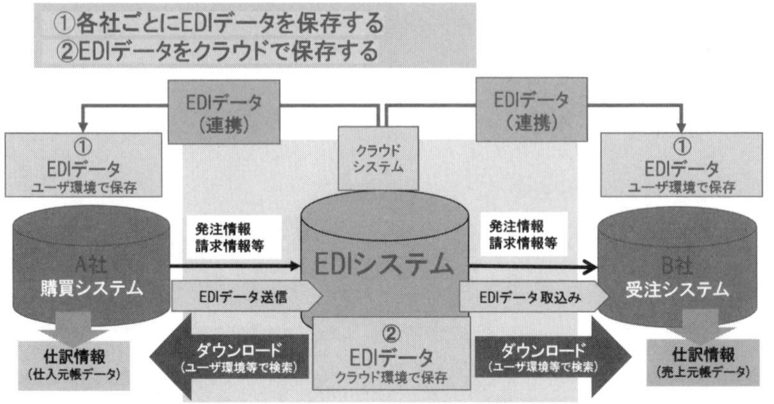

メッセージ	送受信日付	商品名	単価	数量	金額	その他データ項目
見積情報	20220114	A0012345	500	1000	500000	・・・・・・
見積情報	20220115	A0012345	450	1000	450000	・・・・・・
発注情報	20220115	A0012345	450	1000	450000	・・・・・・
納品情報	20220116	A0012345	450	1000	450000	・・・・・・
検収情報	20220116	A0012345	450	1000	450000	・・・・・・

保存上の注意点(見読性の確保)
①ヘッダー項目が確認できること
②マスター情報が確認できること
③整然とした形式で明瞭に出力できること

②　クラウド等により受領

クラウドサービスには、取引書類データの配信のみを行うサービス、クラウド上で授受された取引書類データをクラウド上で保存できるサービスやワークフロー機能等を備えて会計情報を生成するシステムなど様々なものがあります。近年は、請求書等の配信を行うクラウドサービスが増えていますが、配信される請求書等のデータの形式により受領側のシステムへの入力方法が異なります。

イ　PDFなどの画像データ

PDFなど画像データで受領した場合、画像を見ながら自社システムに手入力する方法もありますが、AI－OCR機能などで自社システムに入力することで入力業務の効率化や適正化が図れます。

ロ　CSVなどのテキストデータ

請求書等に記載されている項目情報をテキストデータで配信することで、受領側では自社システムへの取り込み設定（インターフェイス）ができていれば入力業務の効率化や適正化が図れます。

③　メール添付その他FAXなどで受領

メールやFAXなどで受領する場合、担当者が自社システムに入力や登録する必要があり、処理の遅延や処理漏れなどが発生するリスクがあります。また、これらの書類データを保存する手間が発生します。

クラウドサービスにより書類データを授受し、ワークフローシステムと連携させることで、これらを解消することが可能と思われます。

図表：クラウドによる適格請求書の発行と受領

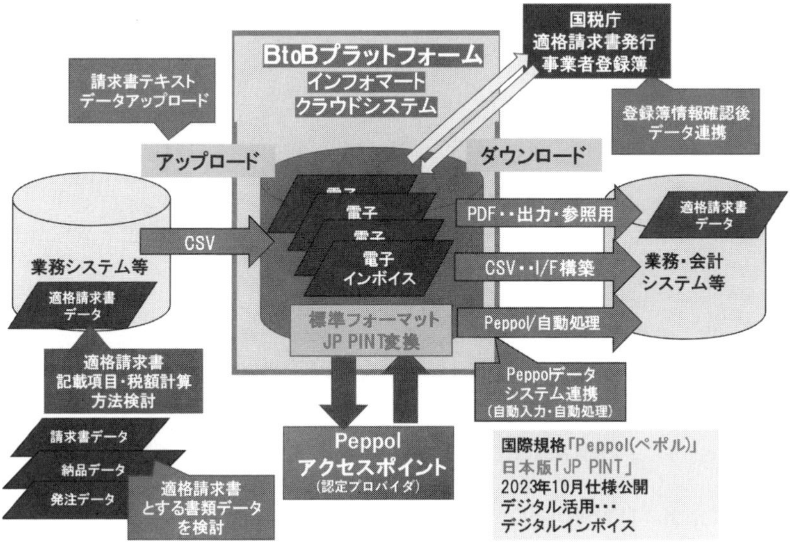

※　BtoBプラットフォームについては、「5　インボイス制度対応のシステム選定　4クラウドシステムのインボイス制度対応」（157頁）を参照

6　電子インボイスの標準化について

これまでの企業の請求書は、請求書データを紙に出力し発行をするケースがほとんどと思われます。受領側では請求書をデジタル化するために再度入力やスキャニングを行って処理を行うことが多いと思います。

このように現状の企業においての紙書類のやり取りを中心とした多くの

アナログなプロセスは、業務の効率化・生産性の向上の妨げとなっていると言われています。

紙を前提とした業務プロセスを「電子化（Digitization）」するだけでは十分ではなく、業務プロセス自体を「デジタル化（Digitalization）」することが不可欠となります。

電子インボイス推進協議会（EIPA）では、標準化された電子インボイスの利活用・普及を通じ、事業者のバックオフィス業務全体の「Digitalization」を推し進めるため、電子インボイスを標準化し事業者の電子化による業務の効率化や生産性の向上を目指しています。

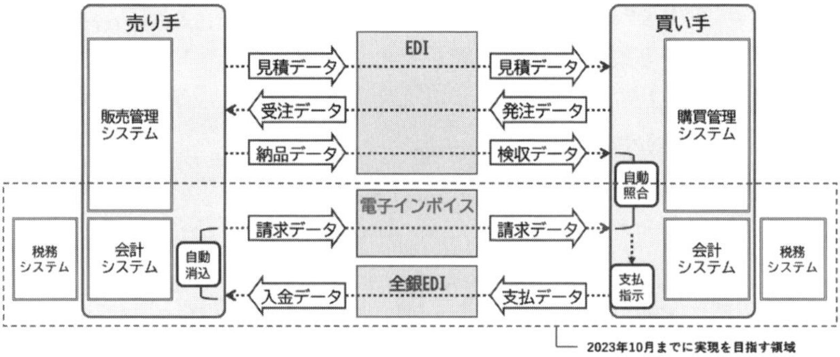

出典：デジタルインボイス推進協議会ホームページ

①　ペポル（Peppol）形式への変換

標準フォーマットへの変換は、デジタル庁に認定された認定プロバイダが行うことになります（認定プロバイダについては、「図表：日本におけるペポル認定プロバイダ」参照）。

ペポル形式の電子インボイスは、アプリケーションサービスプロバイダ（ASP：クラウド事業者等）によるペポルへの変換サービスにより普及するものと思われます。今後、インボイス制度への対応を検討する企業は、電子インボイスを交付又は受領するASP事業者を検討することになると思いますが、こうしたペポル変換サービスの有無については重要な選定ポイントになると思われます。

図表：日本におけるペポル認定プロバイダ（令和５年３月13日現在）

事業者名	国	認定機関
アルトア株式会社	日本	デジタル庁
ファーストアカウンティング株式会社	日本	デジタル庁
富士通Japan株式会社	日本	デジタル庁
株式会社マネーフォワード	日本	デジタル庁
株式会社オージス総研	日本	デジタル庁
株式会社TKC	日本	デジタル庁
株式会社トラベルデータ	日本	デジタル庁
ウイングアーク１st株式会社	日本	デジタル庁

②　ペポル（Peppol）による電子インボイスの自動処理

標準化されたデジタルインボイスは、会計システムや業務システムにおいて、自動処理ができるようになります。実際に多くの会計システムベンダやクラウド事業者がEIPAに参加しており、ペポル対応の意思表明をしてシステム開発が進められています。今後インボイス制度対応でシステム導入の検討をする場合には、ペポル対応されるかどうかなどの確認もしておく必要があります。

図表：電子インボイス標準フォーマットの活用

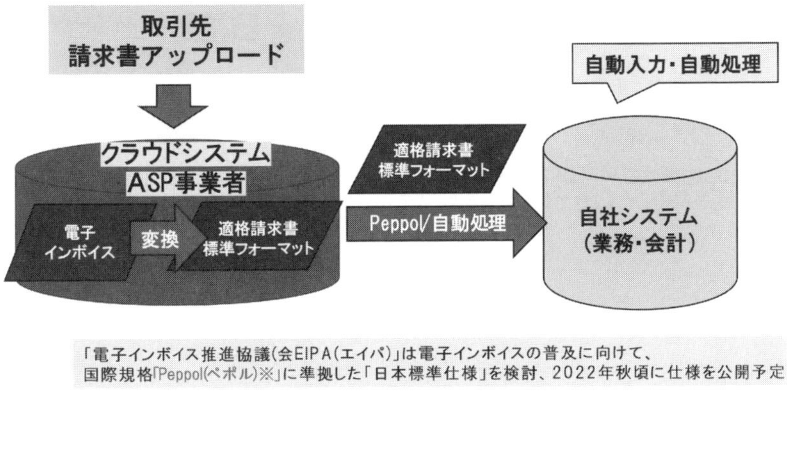

③　ペポル（Peppol）による経理業務のDX化

インボイス制度の対応を標準化されたデジタルインボイス（JPPINT）で行う場合、経理業務のDX化に役立つ様々なシステムやソフトウェアによりデジタルデータの活用が可能となります。JPPINTの利活用は、請求から支払い、入金消込業務についても、デジタルデータでつながり、経理業務全体を効率化させることが可能です。

今後はさらに、請求書受領前の見積もり、契約、納品検収など取引に関する業務全体のプロセスのデジタル化が進むことで、会社業務全体のプロセスのデジタル化が促進されることが期待されます。

図表：JP PINTによる経理業務効率化

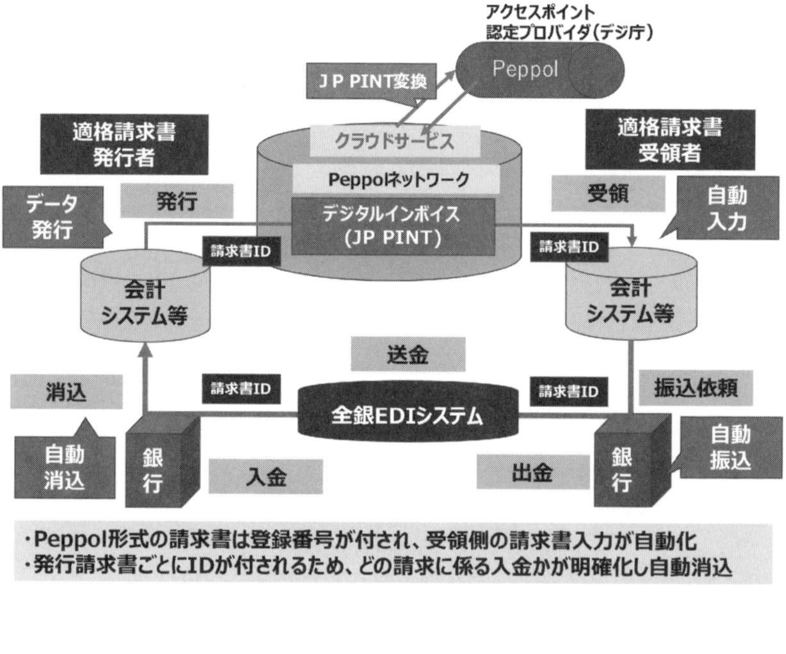

column ペポル（Peppol）とは

Peppol（Pan European Public Procurement Online）とは、請求書（インボイス）などの電子文書をネットワーク上でやり取りするための「文書仕様」「運用ルール」「ネットワーク」のグローバルな標準仕様であり、Open Peppol（ベルギーの国際的非営利組織）がその管理等を行っています。現在、欧州各国のみならず、オーストラリア、ニュージーランドやシンガポールなどの欧州域外の国も含め30か国以上で利用が進んでいます。

Peppolは、「４コーナーモデル」と呼ばれるアーキテクチャを採用しています。ユーザー（売り手（C1））は、自らのアクセスポイント（C2）を通じ、Peppolネットワークに接続し、買い手のアクセスポイント（C3）にインボイスデータを送信し、それが買い手（C4）に届くという仕組みです。Peppolユーザーは、アクセスポイントを経て、ネットワークに接続することで、Peppolネットワークに参加するすべてのユーザーと電子インボイスをやり取りすることができます。この仕組みは、例えば、メーラー（アプリケーション）からインターネットプロバイダを介して相手先に届くという電子メールの仕組みに似ています。

なお、わが国の電子インボイスの標準仕様である「Peppol BIS Billing JP」は、売り手のアクセスポイント（C2）と買い手のアクセスポイント（C3）との間でやり取りされる電子インボイスの標準仕様です。その「Ver.0.9」（Peppol BIS Billing JP 0.9）（2021年12月15日版）については、Open Peppolのウェブサイトにて公開されており、2022年秋にPeppol対応サービスの提供が可能となるよう、今後、必要な更新等が行われていくこととなります。

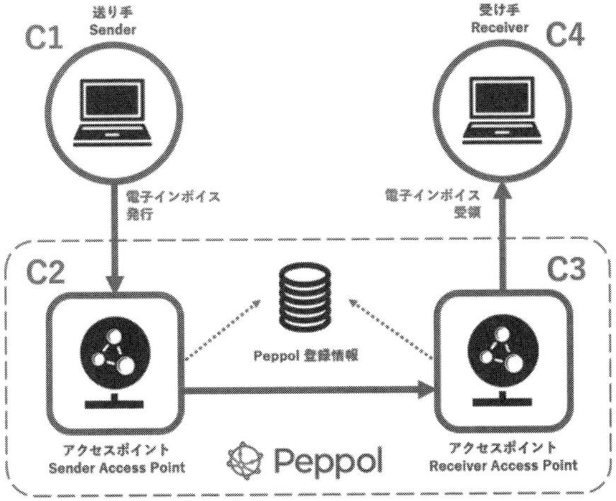

※出典：電子インボイス推進協議会ホームページ

7 適格請求書発行事業者の登録確認

インボイス制度では、所要事項が記載された帳簿の保存のほか、原則として適格請求書の保存が仕入税額控除の要件となります。国税庁に事業者登録がされていなければ適格請求書を発行することはできません。登録事業者以外の適格請求書の発行は禁止されています。消費税の会計処理においては、適格請求書の記載事項の確認や入力業務などを行う必要がありますが、適正な会計処理を行うためには、取引先が適格請求書発行事業者として登録があるかどうかの確認を行わなければ、適正な消費税処理ができません。このため、消費税の処理では登録事業者の確認業務をどのように行うかも検討課題となります。

確認方法は、適格請求書に記載されている登録番号を国税庁の公表サイトで検索する方法がありますが、これ以外にシステムで自動確認する方法も可能となっています。国税庁は適格請求書発行事業者登録簿情報がシステムに連携できるようにWeb-APIの仕様を公開しています。このAPIによ

図表：適格請求書発行事業者の確認方法

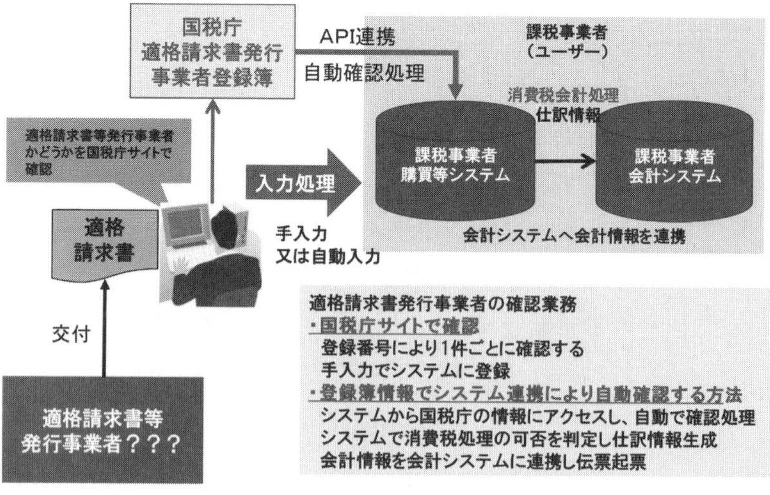

りシステムで自動確認ができるようなシステムを利用することでインボイス制度開始後の適正な経理処理ができることとなります。

今後ASP事業者や会計システム等によりこうした確認業務が自動化できるシステムやクラウドサービスが登場します。このようなシステムが利用されるようになると、インボイス制度の目的である的確な消費税納税システムが運用可能になろうと思われます。

8 電子インボイスの安全性の検討

事業者が書面で交付する請求書等は、社印や角印等を押印しますが、電子インボイスの発行においても発行元が信頼できる方法で交付することが必要です。角印が押印された請求書をPDF化して送る方法を検討する企業もありますが、それでは書面出力や押印、スキャニングといった手間が増え電子化の効果が薄れます。

税務調査や訴訟などあらゆる局面でデータの真正性が問われる中、現在総務省[2]やデジタル庁において、安全な電子取引を行える制度を構築の検討を行っています。制度化後は認証局の発行する法人格等を証明できる電子証明書が含まれる電子署名により発行元の証明がされ、安全に電子インボイスの授受が行われることになります。

電子インボイスについてはその真正性や本人性を担保させるため、適格請求書発行事業者の証明を行う事業者証明のほか、適格請求書発行事業者の証明情報などを付加することにより、請求書処理の会計業務などの利便性の向上が期待されます。

このように、インボイス制度への対応は、今後システムベンダがどのよ

2　総務省においては、組織が発行するデータの信頼性を確保する制度に関する検討会において、2021年６月23日に組織が発行するデータの信頼性を確保する制度に関する検討会取りまとめを発表しています。

図表：eシール（法人格等を証明する電子証明書）の活用

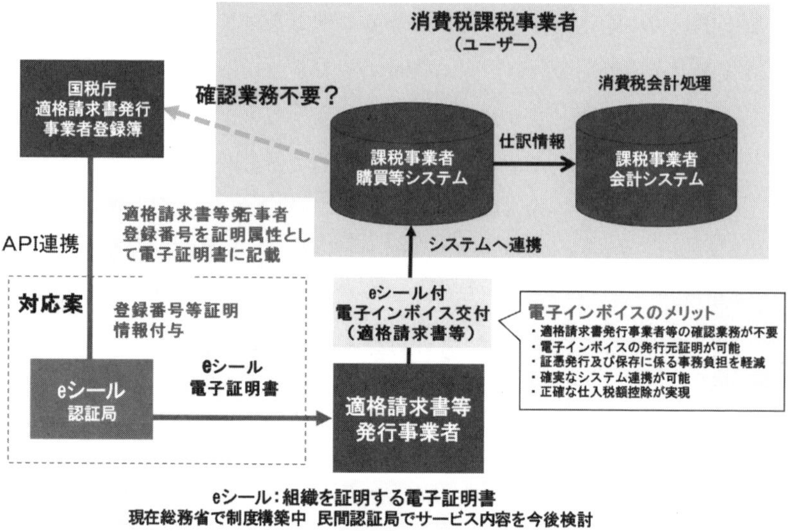

うなサービスを展開するかにもより対応が異なりますが、データの送信時の発行元証明や、改ざん防止などの措置をとることも今後のデジタル社会では重要なポイントとなります。

9 インボイスに係る業務処理の電子化について

①　請求書（インボイス）の電子化の目的

取引書類の電子化の検討では、取引書類のデータ保存を検討するのみとするのか、業務処理も同時に電子化の検討をするのか、など電子化する目的別に検討方法が違ってきます。前者の場合には、業務処理は書面で行い、取引書類をデータで保存することのみの対応となります。この場合には文書管理システムのみを導入することで対応可能です。取引書類の重要性が低い、件数が少ない、過去分のデータの取り出しや活用をほとんど行わない場合などでは、保存のみを電子化する検討となります。

後者のケースでは、既存の業務プロセスの見直しが必要となります。さらに何に重点を置いて業務処理を行うのかによりシステム構築の仕方が違ってきます。業務処理を含めた電子化の検討では、ワークフロー、文書保存システム、業務・会計システムへの連携方法など、以下の点について検討を行うことが必要です。

イ　電子ワークフローの導入

取引先へ書類を交付する又は取引先から書類を受領した場合には、社内の業務処理が発生します。社内の業務処理を電子化するためには、データで処理を行うためのワークフローシステムが必要です。従業員等の立替経費の精算などの経費精算システムや支払承認をするためのワークフローなど用途別のパッケージ製品もありますが、会社業務の処理を電子化する場合にはそれぞれの業務プロセスに応じたワークフローシステムが必要です。

ワークフローシステムは、様々な業務に対応できるように各社の業務プロセスに応じた設定ができるものを導入できれば自社で最適な業務プロセスの構築が可能となります。

ロ　文書管理システムの導入

取引書類のスキャナ保存では、証憑をデータで保存することのみを目的とする場合には、電帳法の法令要件が満たされたシステムの導入のみで対応できます。文書管理システムは、電帳法のスキャナ保存の保存要件が満たされていれば電子取引データの保存も可能です。

業務処理の電子化については、電子ワークフローを導入する必要がありますが、この場合にはワークフローシステムから文書管理システムへ証憑画像データを自動連携することによりデータ保存業務の適正化や効率化が可能です。文書管理システムへ証憑データを連携するタイミングは、ワークフローの申請時に行う必要があります。

スキャナ保存では、入力された証憑データの訂正や削除を行う場合の履歴データを保存することが要件になっています。ワークフローの申請後に書類の差換えや削除を行った場合の訂正や削除履歴を文書管理システムに保存するには、ワークフローに登録する証憑画像等をすべて文書管理システムへ連携し、処理の過程で発生する訂正データをすべて訂正前のデータに関連付けする、また、削除データもすべて文書管理システムで保存する必要があります。

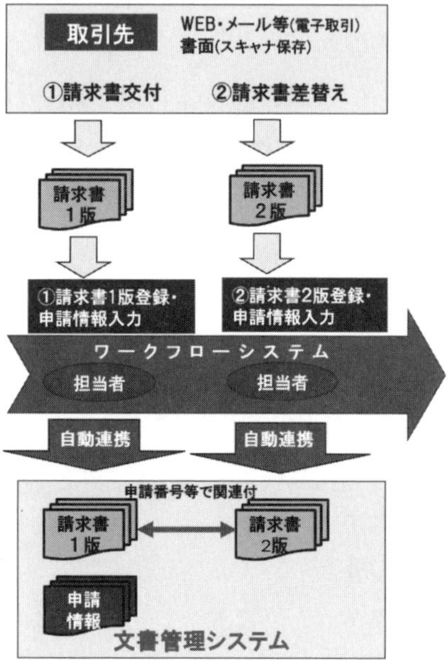

ハ　業務システムや会計システムへの入力とデータの自動連携

取引の開始前から取引終了までの間には、様々な取引書類がやり取りされます。取引開始前の見積もりの段階から受発注、納品・検収、支払いの取引の各過程において、社内の業務処理が発生しますが、各業務処理に係る業務データや会計データの入力や運用のデジタル化を検討します。

業務データ等をまず自社システムへ入力し業務処理を行うのであれば、入力されたデータをワークフローシステムに連携する、ワークフローシステムへの入力が業務処理の最初の段階であればワークフローシステムの申請情報を自社システムに連携することとなります。

業務データの自社システムへの入力方法は、書類の内容を手入力する方法もありますが、書面書類であれば書類の内容をデジタル化することで入力業務の工数削減や適正化が図れます。例えば、PDFデータをAI-OCR機能により読み取り、指定の項目に入力する方法が考えられます。

取引書類をデータで受領すればスキャニングする手間が省かれ、受領した取引書類のデータをそのまま活用することができます。受領する取引書類のデータ形式がテキスト形式（CSVなど）などであれば、AI-OCRによる読み取りも不要です。データで受領する場合は、電子取引となりますので電帳法第７条によりデータ保存が義務付けられますが、スキャナ保存の要件が満たされている文書管理システムに保存できれば保存要件は満たされることになります。

会計情報は、見積もりや受発注の段階では発生せず、多くの場合は債権債務が確定する段階で生成されます。請求書や領収書の発行や受領した場合、仕訳処理されるのであれば、支払承認業務処理後に生成された仕訳情報を会計システムに自動連携することで入力業務や処理の適正性が図れます。

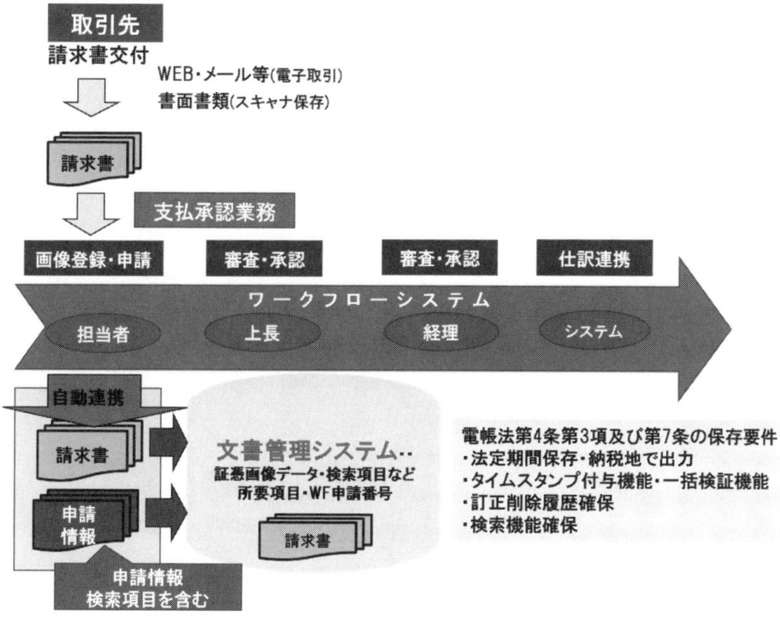

二　ワークフローと文書管理システムの連携ソリューションの利用

取引書類のスキャナ保存においては電子化された証憑データを電帳法の要件を満たした文書管理ができるシステムに保存する必要があります。処理担当者は、取引書類の業務処理以外にスキャニングしデータを文書管理システムに保存するという手間が増えてしまいます。この点、電子取引により受領した書類はスキャニングという手間は発生しませんが、やはり保存業務は発生することになります。

証憑データの保存の手間を省くためには、業務のワークフローに登録された証憑画像を文書管理システムに自動保存されるシステム構成とすることで保存業務が簡略化され、かつ保存漏れ等の防止、検索項目などの入力の効率化が図れることになります。

②　文書管理システムの活用

電帳法のスキャナ保存の法令要件を満たしている製品を利用する場合には、電帳法第７条で規定される電子取引データの保存要件は満たされてい

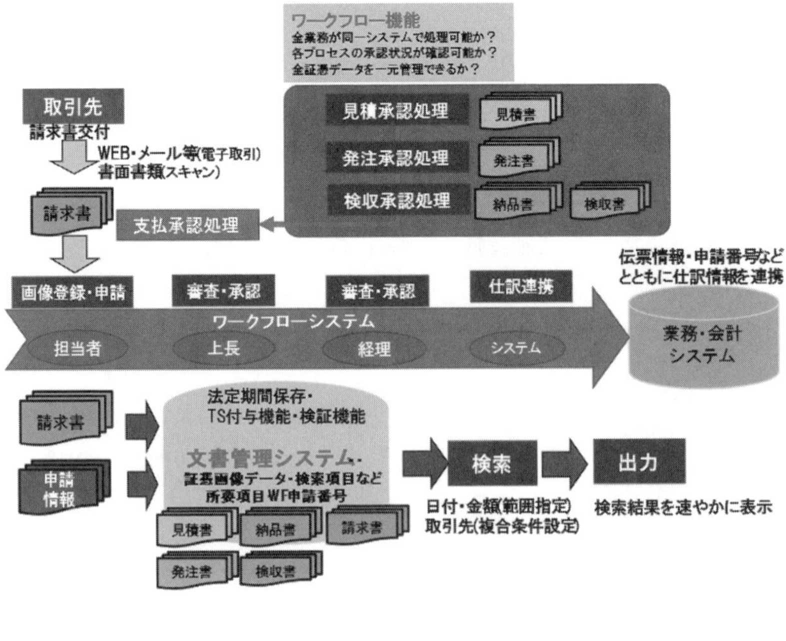

るはずです。取引書類は書面で受領するもののほか、データで受領する取引書類等のデータもあります。むしろ、今後は電子取引による取引書類の授受が一般的になりつつあります。授受方法が複数ある場合でも、書面書類のスキャナ保存と電子取引データを別々に保存することは文書管理の観点からも望ましいことではありません。スキャナ保存された書類データと電子取引のデータは一元管理できる文書管理システムが望まれます。

また、電子化する書類は請求書だけではなく、取引に係る一連の業務処理を同じワークフローで行うことにより取引ごと（例えば、発注単位ごとなど）の書類データを文書管理システムに保存することが可能となり、会社業務全体の電子化を行うことができます。

③　電子化業務プロセスの検討

電帳法のスキャナ保存では、施行規則第２条第６項第７号で準用する同規則第２項第１号で規定される関係書類の備付けが要件となっています。パッケージ製品を利用する場合には「国税関係書類のスキャナ保存に関する事務手続きを明らかにした書類」の備付けが必要となります。

電子化の検討を行う上では、これまでの書面を中心とした業務プロセスから、データを活用した業務プロセスへ転換する必要があります。

イ　業務全体のプロセスの検討

電帳法のスキャナ保存の規定では、取引書類の証憑の入力及びデータ保存の手順を定めた規程等の備付けが要件となっています。業務プロセスの電子化の検討では、これまでの書面を中心とした業務処理をデータ処理で対応可能とする業務プロセスに転換できるように業務全体の業務プロセスの検討が必要となり、スキャナ保存の要件である入力や保存の手順が記載されている規程の整備のみでは、業務処理全体の検討とはなりません。業務全体のプロセスにおいて、業務フローや社内規程に証憑のスキャニングや保存などの手順が盛り込まれていれば法令要件は満たされるので問題がありません。

業務の種類は、経費精算業務、支払承認業務のほかにも見積業務、発注・

契約業務、検収業務など様々な業務があります。どの業務に係る電子化を検討するかについての検討が必要です。

ロ　業務全体の取引書類の確認

現在行われている各業務に係るプロセスを確認し、取引先との間で授受されている書類の確認を行います。経費精算などでは取引先（支払先）から受領する領収書のみの電子化の検討となる場合が多くなりますが、例えば、仕入れ業務などでは、取引の過程で多数の取引書類を受領することになります。これらのすべてを電子化することとするのか、一部を電子化するのかなどについても検討します。書面による社内処理は変えずに取引書類のみをデータ保存をする場合を除き、各業務処理をデータで社内承認処理を行うこととする場合には、ワークフローシステムの運用方法の検討が必要です。

例えば、発注承認では、取引ごとに発番されるワークフローの申請番号等を、見積書、発注書、納品書、検収書、請求書など発注される取引に関

図表：仕入に係る業務処理の例

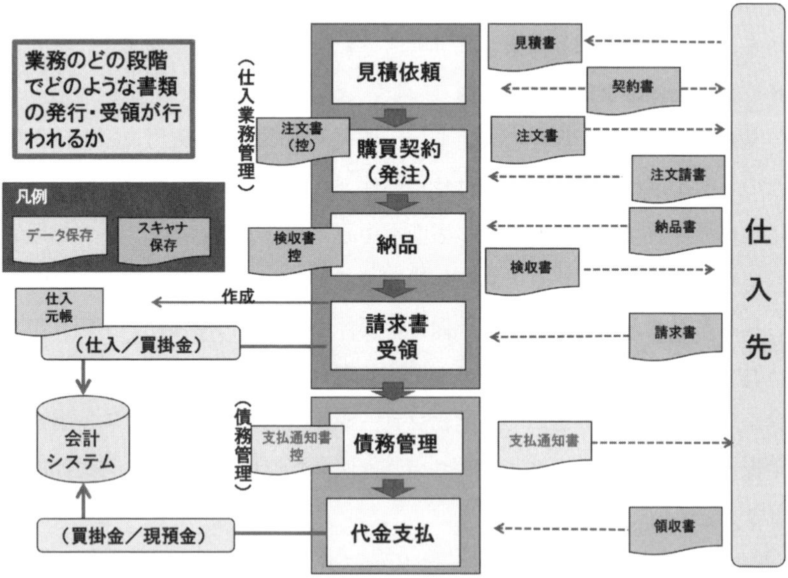

連する書類データにすべて紐付けすることにより、一連の取引書類の一元管理が可能となります。

ハ　各業務プロセスの検討

見積業務、発注業務、契約業務、検収業務、支払業務などではそれぞれ取引の過程において確認すべき項目があります。見積単価が契約単価となっているか、発注が見積もりどおりとなっているか、検収済みのものが請求されているか、など各業務の担当者がこれまで属人的に行っていた業務は電子化によりチェック可能なものも多く含まれます。

各業務プロセス別に担当者が異なる場合、確認業務は形式的になりがちです。税務調査では、このような業務プロセスを確認し、担当者の恣意性が考えられる業務について調査項目となることが多くなります。担当者の恣意性を排除した確認を電子化で行うことは、内部統制強化の観点からも重要な項目となります。

CHECK! **電子化の目的に則したプロセスか**

●データ活用が図られた業務プロセスとなっているか？

⇒業務システム等への入力効率が図られているか、また、入力されたデータを何度も入力することなくデータ活用が図られるデータ連携がされているか。

●ガバナンスが強化されるプロセスとなっているか？

⇒むやみに承認プロセスを増やすのではなく、事後の検証可能な統制データ項目を管理することによる監視体制が図られているか。

3 インボイス制度対応による業務DX化の検討

適格請求書は、多くの企業は請求書や領収書が該当することになります。請求書や領収書については、最終的には経理部署で扱う書類であり、インボイス制度対応では、電子化の検討の優先度が比較的高い書類とされています。これらの書類は、書面により承認や会計入力を行っている会社も多いと思いますが、社内の承認業務やインボイス制度対応が可能となる会計システムなどの活用により、電子化のメリットがさらに享受できることとなります。

請求書や領収書は、会社の業務では一連の取引に係る最後に処理する書類となります。取引は引合いから始まり、見積もり、契約、発注、発送手配や役務実施、納品、検収、請求など担当者や取引先間においての業務や業務処理が発生しています。一連の業務に係る電子化を検討することが最終的な目的となると思いますが、業務変革にはリスクが伴います。大規模法人などでは、書類の種類ごと、業務の段階ごと、部署ごとで段階的に電子化の検討を行う企業も多くなっています。

本章では、請求書や領収書を受領する側の検討として、インボイス制度の対応をきっかけとした経理業務のDX化の検討として、経費精算業務及び請求書の処理業務について解説します。

1 経費精算業務の電子化

経費精算業務は企業が行うメインの業務以外の間接業務であり、インボイス制度への対応をきっかけとした業務のデジタル化は比較的検討しやすい業務といえます。経費精算業務を電子化する場合、経費精算書と添付している領収書をデータで保存するのか、あるいは経費精算業務自体を電子化するのか、により検討方法は違ってきます。従来は経理業務においての書類保存の負担軽減のため、精算業務終了後の証憑等をスキャナ保存することを検討していた企業が大半でしたが、平成28年度の電帳法改正後は、様々なクラウド等を活用した経費精算システムが登場し、経費精算の業務処理をデータで行えるワークフローシステムによる検討が主流となっています。

経費精算システムの導入により、領収書等の書類のデータによる保存だけではなく、複数税率対応、免税事業者等との取引に係る区分経理、経費精算の業務工数の削減が可能となります。さらに経費使用者、支払先等の経費明細がデータ化されることにより、同日付・同金額・同支払先をチェックすることによる二重精算や使いまわし等、社員ごとの経費使用傾向分析による経費の節減、不正使用や不正精算の抽出なども可能となり、社内の内部統制が向上することも考えられます。

①　経費精算システムの選定

経費を使用した場合に支払先から受領する紙の領収書は、法人税法で保存が義務付けされているとともに、消費税法においては、仕入税額控除をする場合には当該領収書（適格請求書）の保存が要件となっています。領収書は、書面（紙）で受領する場合が多いですが、近年はWebからダウンロードする領収書も多くなっています。紙の領収書をデータで保存するためには電帳法第４条第３項で規定されるスキャナ保存の法令要件に従った入力や保存が必要ですし、ダウンロードした領収書は電子取引となり電帳法第７条の法令要件に従った保存が必要となります。

電帳法のスキャナ保存の法令要件に対応している経費精算システムを利用すれば、電子取引の法令要件はほぼ満たしているため、経費精算システムを選定する際には、スキャナ保存の要件に対応しているシステムを選定する必要があります。

近年は電子帳簿保存法のスキャナ保存の要件を満たした経費精算システムが多数販売されています。公益社団法人日本文書情報マネジメント協会（通称JIIMA）では、ソフトウェア等を販売する事業者の任意の申請に基づき、ソフトウェア等の機能が電帳法の法令要件に対応しているかを審査し認証する制度を実施しています。JIIMAのスキャナ保存ソフト法的要件認証された製品はJIIMAのホームページや国税庁ホームページでも公開しています。JIIMA認証製品の利用により、導入システムの電帳法の法令要件機能の確認は不要となります（巻末資料：JIIMA認証製品一覧参照）。

経費精算システムを選定する場合には、まず電帳法のスキャナ保存の要件を満たしていること、消費税インボイス制度の対応において、自動処理が行える機能を多く有しているシステムなどにより経理業務のDX化が実現できます。経費精算システムは、業務処理をデータで行うワークフローシステムですから、社内の承認ルートは処理案件により自由に設定ができることが必要です。

また、様々な経費精算システムが販売されていますから、会社規模、従業員数等、拠点数、経費の精算数、既存のシステムとの連携可否などを検討のうえ、自社に最適なシステムを選定する必要があります。経費精算システムは、社員等の立替経費の精算、使用経費の精算などを行うシステムですが､近年はオンプレ版のほか､クラウド経費精算システムが主流となっています。

【経費精算システムの選定と運用のポイント】

◎システム機能

☑ユーザ企業の承認経路が自由に設定可能

☑電帳法対応されている経費精算システムの導入

☑インボイス制度に対応している製品

☑会計システムへの自動連携設定が可能

◎運用のポイント

☑適正処理が行える経費精算プロセスの構築

☑不正防止のための経費データ管理

☑領収書の入力期限や原本保管や廃棄方法

②　経費精算の電子化検討の進め方

イ　経費明細の入力方法

法人税法施行規則別表21で規定されている青色申告法人が備え付けるべきその他の帳簿のうち、経費に関する事項では、「取引年月日」、「取引金額」、「支払先」、「事由」を記載することとしています。また、消費税法では仕入税額控除を行う場合の帳簿への記載項目が規定されており、①課税仕入れの相手方の氏名又は名称、②課税仕入れを行った年月日、③課税仕入れに係る資産又は役務の内容（課税仕入れが他の者から受けた軽減対象資産の譲渡等に係るものである場合には、資産の内容及び軽減対象資産の譲渡等に係るものである旨）、④課税仕入れに係る支払対価の額、の記載が法定記載項目となります。経費の入力に当たっては、領収書の単位ごとに、これらの項目を漏れなく入力することが必要です。

また、電帳法のスキャナ保存要件である検索機能は、領収書ごとに検索することが要件となりますが、この要件を満たすためには、経費明細データは領収書ごとに入力しなければ、領収書１件ごとの検索ができません。

経費の明細が入力されている経費精算書は、その他の帳簿で規定される経費帳に記載すべき事項が記載されていることになります。このため経費精算書は、帳簿に代用される書類（帳簿代用書類）となり保存が必要となります。経費精算システムを利用する場合、通常は経費精算単位で経費明細データが保存されますので、当該データを保存することで帳簿代用書類（経費帳に代わる）の保存がされていることになります。

図表：経費精算システムへの入力方法

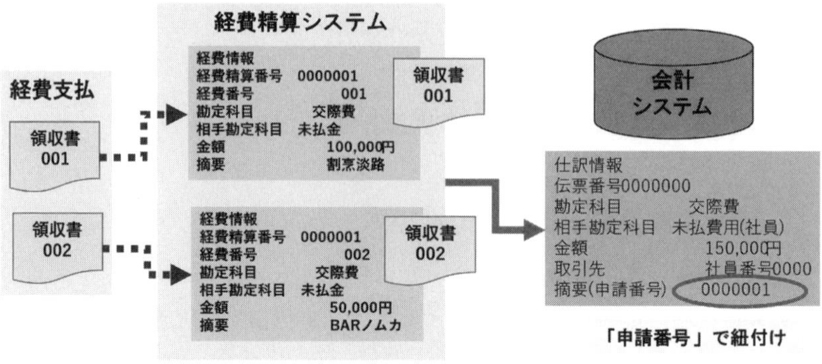

ロ　領収書原本の管理方法の検討

これまで経費精算業務は、領収書原本を精算書の台紙に貼付し、書面の経費精算書により精算を行ってきた会社も多いと思います。領収書は、１回の支払いにつき１回しか発行されないことから、領収書原本を回収することにより二重精算は防止されていたわけです。

経費精算を電子化すると、領収書原本ではなく入力された領収書の画像データにより経費精算が行われるようになります。そうすると領収書原本の管理方法や廃棄する時期の検討をしなければ、二重精算や領収書の不正使用などの防止はできないことになります。令和３年度の改正前の電帳法では、法令による運用要件（適正事務処理要件）により一定の不正を防止できていましたが､改正後の電帳法では運用要件がほぼ廃止されています。

経費精算業務においての、不正リスクがどのようなものがあるのか、その対応については､企業自らの検討により防止することが必要となります。

ハ　電帳法のスキャナ保存要件を遵守

紙の領収書を経費精算システムで保存する場合、電帳法第４条第３項で規定される国税関係書類のスキャナ保存の規定に従った入力及び保存が必要です。電帳法の法令要件に対応している経費精算システムを利用すれば特に要件を気にせず経費精算に係る領収書のスキャナ保存をすることができますが､運用面では検討が必要です。また､スキャナ保存を行う際の「スキャナ保存規程」を整備し、書類の受領から保存までの手順を定めて、社内で運用する必要があります。

③　経費精算システムのインボイス制度対応

経費精算業務で扱う取引書類は領収書が多く、インボイス制度への対応も必要となります。令和５年10月以降は消費税仕入税額控除を行う要件として、支払金額に関わらず適格請求書の保存が必要となります。このため経費を支払った社員等が適格請求書を受領し保存しなければ仕入税額控除の要件が満たされなくなります。支払った経費は消費税の税率区分ごとに入力が必要となり手間がかかります。経費精算に係る適格請求書は、多くの場合「領収書」となり、その入力方法などの検討も必要です。

経費支払いにおいて領収書を受領していたとしても適格請求書の要件を満たさない領収書は適格請求書になりえません。さらに、経費の支払先は不特定多数であり、取引先（支払先）の管理をしていることはほとんどありません。支払先が、適格請求書発行事業者であるかどうかは、領収書で確認するしかありませんが、登録番号の記載の有無のみで処理を行えば、適正な消費税の処理がされないこととなることもありえます。

このように、経費精算業務においてのインボイス制度への対応準備は様々なポイントがあります。すべてを人間が手間をかけて行う必要はありません。これらの対応ポイントのほとんどのことはシステムが処理可能な事項となります。インボイス制度への対応だけが経費精算業務の電子化の目的ではありませんが、少なくともデジタル化による業務効率化や業務適正化の目標は電子化によることで達成できることになります。

イ　軽減税率対応

令和元年10月から軽減税率制度が導入されていますので、経費を支払った場合には10%、８%の対象金額を区分して会計システム等に入力する必要がありました。インボイス制度開始後も税率ごとの区分入力は行う必要があります。

経費精算システムは経費の支払金額ごとにその税率区分により経費明細

を入力することが可能となっていると思います。適格請求書（領収書等）に記載されている金額情報を税率区分ごとに入力する場合には、税込金額で入力する方法が一般的となります。

経費精算データは、最終的に会計システムに仕訳情報として連携されることになりますが､仕訳情報は税率区分ごとに連携できる必要があります。

ロ　登録事業者と免税事業者の区分経理

適格請求書発行事業者への支払いについては適格請求書に記載されている税率区分ごとの消費税額を仕入税額控除することになりますが、免税事業者等への支払いについては原則として仕入税額控除をすることができません。経費精算システムでは、精算を行う経費明細について、支払先ごとに適格請求書発行事業者の登録事業者と登録されていない免税事業者等を区分して処理を行う必要があります。

令和５年10月以降６年間は免税事業者等への支払いに係る仕入税額控除の特例措置（経過措置[1]）により、一定割合を仕入税額とみなし控除が可能となりますが、みなし控除税額の計算をどのシステムで行うのかは利用している会計システムへの連携方法により異なります。会計システムで経過措置分の仕入税額計算を行う場合には、経費精算システムでは、免税事業者への支払いということがわかるフラグを属性として会計システムへデータ連携します。会計システム側で経過措置分に係る仕入税額計算をしない場合には、経費精算システム側で計算した仕入税額を会計システムに連携します。

経費精算システムは､どちらの対応もできるような設定ができていれば､

1　適格請求書等保存方式（インボイス制度）開始から一定期間は、適格請求書発行事業者以外の者からの課税仕入れであっても、仕入税額相当額の一定割合を仕入税額とみなして控除できる経過措置が設けられています(28年改正法附則52､53)。経過措置を適用できる期間等は、次のとおりです。

期間割合

令和５年10月１日から令和８年９月30日まで仕入税額相当額の80％

令和８年10月１日から令和11年９月30日まで仕入税額相当額の50％

なお、この経過措置の適用を受けるためには、定められた事項が記載された帳簿及び請求書等の保存が要件となります。

会計システムへの手入力や補正入力は発生せずに仕入税額の自動処理が可能となります。

ハ　登録事業者の確認業務

免税事業者と登録事業者の区分経理は仕入税額の計算で必要となります。通常は適格請求書（領収書）に記載されている登録番号の記載の有無により区分経理をすることになりますが、果たして番号が記載されているから適格請求書発行事業者の交付する領収書であるといえるのでしょうか。そもそも適格請求書発行事業者の登録番号とは、マイナンバー制度上の法人番号を有する事業者はＴから始まる法人番号（13桁）で構成されています。適正な会計処理を行うためには、番号が記載されているから適格請求書として処理をするのではなく、記載内容が漏れなく記載されているか、記載されている番号が登録されているか、などを確認し会計処理を行うことが重要です。国税庁は、適格請求書発行事業者として登録されている事業者を公表サイトで公開しており、登録事業者の検索や閲覧が可能となっています。このサイトにより登録事業者の確認を行い適切な仕入税額の処理を行う必要があります。このほかの確認方法として実務上現実的なのが、システムによる自動確認です。国税庁の登録簿情報は納税者が利用するシステムで処理ができるようにWeb-APIの仕様を公開しています。利用する経費精算システムで自動確認機能がある場合には、登録番号を入力することで登録事業者と免税事業者の区分の自動処理ができます。さらに記載されている登録番号の入力をAI-OCRにより読み取りができるシステムもあります。

図表：国税庁公表サイト検索結果表示

国税庁 インボイス制度 適格請求書発行事業者公表サイト　表示日時：令和5年1月6日13時40分

ＳＫＪコンサルティング合同会社の情報

最新情報

登録番号

T1010003029778

※　設立登記法人など法人番号が指定されている場合は、「法人番号公表サイト」において登録番号の「T」を除いた 13桁の番号で検索することができます。

法人番号公表サイトへ

氏名又は名称

ＳＫＪコンサルティング合同会社

登録年月日

令和5年10月1日

本店又は主たる事務所の所在地

東京都千代田区神田須田町１丁目２番１号

最終更新年月日

令和3年10月25日

履歴情報　公表以後の履歴について表示しています。

No.1 新規　適格請求書発行事業者登録日　令和5年10月1日

(c)2021国税庁（法人番号7000012050002）インボイス制度

④　経費精算の業務プロセスの検討

イ　電帳法改正前の経費精算プロセスの法令遵守パターン

令和３年度の電帳法改正前の領収書のスキャナ保存要件では、領収書の入力を経費支払者がする場合の入力期限は領収書の受領後、特に速やか（概ね３営業日以内）に領収書の画像にタイムスタンプ付与（入力）することが要件となっていました。特に速やかに入力する場合は、領収書原本は経費精算者本人が保管することも可能でしたが、領収書の使いまわしなどの不正を防止させるために領収書に自署（自分の名前を領収書に記載）することが要件となっていました。

さらに、電帳法のスキャナ保存の入力要件として、適正な入力処理や不正防止のために適正事務処理要件（内部統制要件）という要件がありました。この要件は、領収書データは必ず経費精算者以外の者（例えば、上長など）がデータを確認するという相互けん制体制（入力業務を二人以上で行うこと）の要件[2]や、定期的に第三者による検査体制を構築し、スキャナ保存の適正な入力や不正の有無の確認をする体制や、不備があった場合の改善する体制を構築することが要件となっていました。原本は、適正入力の確認後に廃棄することとされ、社内の体制構築に苦慮していた企業も多かったと思います。

令和３年度改正前の電帳法のスキャナ保存に係る入力手順は、法令により入力体制の要件が定められていたため、事業規模などに関係なく同じ法令が適用され、中小企業においても大企業と同様の内部統制基準に即した社内体制の構築が必要となり、特に経費精算業務などでは電子化の阻害要因ともなりました。

ロ　電帳法改正後の経費精算プロセスの検討

令和３年度の電帳法のスキャナ保存要件の改正では、特に速やかに入力する期限（自署を含む）、適正事務処理要件（相互けん制体制・定期検査体制・改善体制）などは廃止されました。改正前のスキャナ保存の要件では、これらの廃止された要件により一定の不正を防止してきました。しかし、これらの要件が企業の電子化の障壁となっている場合もあり廃止されています。

改正前の不正防止のための運用要件は、入力期限を除き廃止されています。入力期限も、最長では業務サイクル後速やかに（約67日程度以内）に入力することになりかなり運用面では要件の緩和が進みました。しかし、法令要件とはならずとも経費精算業務の適正性を確保することは、企業の規模に関らずどの企業等においても必要となります。今後はそれぞれの企業等において、適正性を確保する検討や不正防止対策を行う必要があります。

適正性確保や不正防止対策の検討に当たっては、やみくもに手順や手間

2　領収書などの重要な取引書類のスキャナ保存の入力期限は、領収書の現物と入力された画像データを経費精算者以外の者が確認をする、あるいは経費精算者以外の者が領収書をスキャニングすることにより、業務サイクル後速やか（約67日程度以内）に入力することが可能となっていましたが、領収書の入力や確認業務を経費精算者以外の者が行うことは、領収書の現物を社内で持ち運ぶことになり、実際の運用上では電子化のメリットが得られない原因ともなっていました。

をかけて防止する方法では、電子化を行う意味がなくなります。電子化によるメリットを享受するためには、データ処理により対応できることはシステムによること、人間が行う必要がある確認行為等はしっかりと人間が行うなどのシステムと人間の業務処理の棲み分けをすることが必要です。

電子化後の承認プロセスでは、確認者や承認者を極力少なくし、不備や不正があった場合の責任の所在を明確にすることも必要と思われます。また、万が一不正が行われた場合には、承認者も連帯して懲戒処分することにより不正防止する方策もありえます。

図表：経費精算プロセス（改正前後）

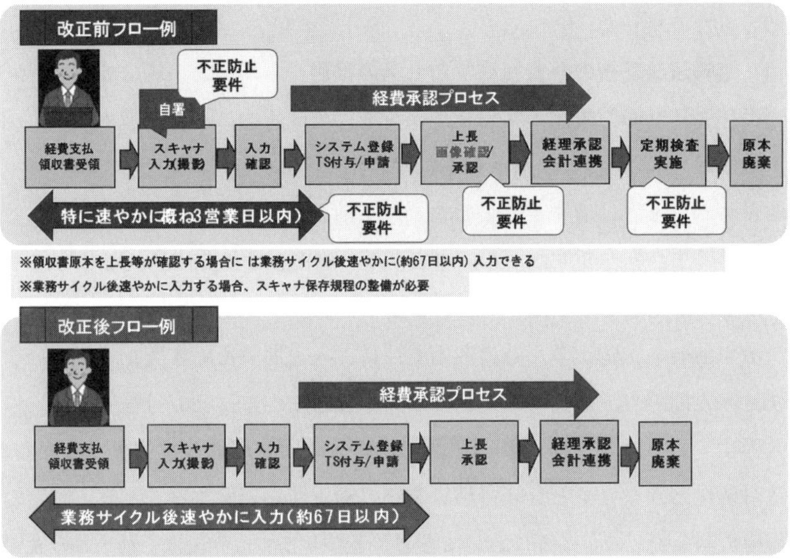

ハ　経費精算業務の適正性確保と不正防止

経費精算業務を電子化する場合、領収書原本を経費精算者が保管や廃棄することとした場合には、以下のリスクが想定されます。

- ✓領収書原本の紛失……再入力が必要となった場合に入力できない
- ✓領収書の内容と経費明細が異なる

✓同じ領収書で複数回精算される（二重精算）
✓同じ領収書を他の社員等が使用して精算（使いまわし）
✓領収書を改ざんして精算が行われる（データ改ざん）
✓架空領収書を作成して精算（データ改ざん）
✓紙領収書を改ざんして領収書作成（データ改ざんに含まれる）
✓領収書原本の不正利用（販売や譲渡）

経費精算業務は、社員等が経費を立替えた場合に支払額等を精算する業務で、社員個人の行為は会社の行為と認定され、税務調査においてこれらの仮装隠蔽行為があった場合には重加算税対象として重加算税が課税されることになります。

また、スキャナ保存や電子取引に係るデータを改ざんし経費計上等が行われている場合、通常の重加算税の税率に10%加重された重加算税が賦課されることになります。

経費精算の場合、１件の支払金額は小さいですが、社員数が多い場合などでは会社のリスクとして対応を検討する必要もありますし、経費精算において不正が多い会社の場合、会社全体のコンプライアンスに疑義が生じる場合もあります。

このようなリスクを回避するには、各企業の業態、経費精算内容、経常勘定科目、従業員数等を勘案し、それぞれの企業で最大の効果が得られるように検討をすることが必要です。リスク回避例として、以下の方法が考えられます。

✓領収書の内容と経費明細が異なる
⇒コーポレートカードの利用による経費精算システムへの決済データ連携
⇒領収書の画像データからAI-OCRにより経費明細を読み取り

✓領収書原本の紛失
⇒領収書原本は担当部署で回収する

⇒確実な入力ができる社員教育を行う

⇒コーポレートカードの利用による経費精算システムへの決済データ連携

✓同じ領収書で複数回精算される（二重精算）

⇒領収書原本を担当部署等で回収し二重精算を防止する

⇒経費精算システムによる同日、同金額、同支払先の精算をチェック

✓同じ領収書を他の社員等が使用して精算（使いまわし）

⇒領収書原本を担当部署等で回収し使いまわしを防止する

⇒不正を行った場合の懲戒処分を設定（上司を含む）

✓領収書を改ざんして精算が行われる（データ改ざん等の不正行為）

（例えば、架空領収書を作成して精算、紙領収書を改ざんして領収書作成（データ改ざんに含まれる）、領収書原本の不正利用（販売や譲渡））

⇒領収書原本を回収しけん制効果により不正を防止する

⇒不正を行った場合の懲戒処分を設定（上司を含む）

二　スキャナ保存の入力期限に関する検討

経費精算に係る領収書は、スキャナ保存を行う場合の取引書類の分類において「重要な書類」に分類されます。重要な書類のスキャナ保存においては、以下のいずれかの方法により入力することが必要です。

①書類の作成又は受領後、速やかに入力すること（概ね７営業日以内）

②業務の処理に係る通常の期間を経過した後速やかに入力すること（業務サイクル後速やかに入力）（２か月と概ね７営業日以内）

「業務サイクル後速やかに」を入力する期限を採用する場合には、領収書の受領から当該入力までの各事務処理に関する規程を定め、当該規程に沿った運用をすることが要件となります。実際の経費精算の運用では、入力期限を業務サイクル後速やかに（約67日）に入力するのか、それとも入力期限はこれよりも前に設定するのかを検討することになります。

適正な経費精算業務を行うためには、できるだけ早く経費精算を行うこ

とで、不正な経費精算を防止することができ、そのためには領収書の入力は早期に行うこととする社内ルールを策定する必要もあります。このため、社内ルールにおいての領収書の入力期限は、約２か月間とするのではなく、各社の経理業務の実態に合わせた入力期限を設定することをお勧めします。

なお、領収書のスキャナ保存の運用では、領収書の原則的な入力期限をできるだけ早期に設定し、別途再入力や精算漏れの領収書の入力期限を定めることで、最長の期限内（約67日以内）に入力がされれば領収書の原本廃棄ができることになります。

CHECK! **入力期限を過ぎた場合の領収書原本について**

最長の入力期限である「業務サイクル後速やかに」の期限を超えて領収書が入力（タイムスタンプ付与まで）された場合には、領収書原本は廃棄できません。領収書はスキャナ保存を行ったうえで原本の領収書も法定期間保存する必要があります。

経費精算の業務プロセスを検討する際には、まずは社内ルールで決められた入力期限が遵守できる業務フローとすることが必要です。それでも実際の運用では、立替経費の精算漏れや領収書の再入力が必要となる場合があります。このような場合でも、領収書のスキャニング（撮影を含む）を行いシステムに画像登録（タイムスタンプ付与）が、業務サイクル後速やかに行われれば領収書原本の廃棄ができます。この期限を過ぎてシステムに登録した場合には、要件に従って入力できていることにはならず、スキャナ保存したうえで領収書原本を法定期間保存する必要があります。

入力期限を過ぎた領収書を経費精算申請者等が保管している場合には、領収書原本を保存する部署へ集約し保存する必要があります。業務フロー作成に当たっては、入力期限後の領収書を集約部署で保存ができるような経費精算プロセスとすることが必要です。

⑤ クレジットカード等の決済データ連携について

コーポレートカード（法人契約しているクレジットカード）や交通系ICカード、QRコード決済など、経費を支払う場合の支払い手段は多様化しています。多くのクラウド経費精算システムは、こうしたキャッシュレスの仕組みにより支払われた経費データをシステムに自動連携する機能を有しています。経費精算システムに連携される決済データは電子取引データとなるため、電帳法第７条の電子取引データの保存要件に従ったデータ保存が必要ですが、電帳法対応ができている経費精算システムであれば、連携された決済データを変更することなくシステムで経費明細として保存されることになります。

経費精算の業務処理では、社員等が使用した経費について適正な会計処理を行う必要がありますが、紙で受領した領収書は、二重精算や使いまわし等の不正防止策を検討しても、紙の段階で領収書の日付や金額などを改ざんするようなケースもあり100％の不正を防止できるわけではありません。クレジットカード会社等から連携される決済データは、経費精算システムで内容を書き換えることができず、領収書が改ざんされていたとしても、支払日、支払金額、支払先についての整合性をチェックでき、領収書の改ざん防止には非常に役立ちます。そもそもキャッシュレスで支払った経費の領収書を改ざんする行為自体がなくなると思われます。

決済データ連携ができる経費精算システムを導入している企業では、こうした決済データを支払いの確証として経費精算を行っている企業も多くなっています。ただし、決済データは支払日、支払金額、支払先のみのデータであり、支払いの内容や消費税率が表示されているわけではありません。さらに、多くの経費の支払先では、決済をクレジットカードで行ったとしても領収書の発行を行います。問題となるのは、適正な経費処理や会計処理ができるかということと、受領した領収書を経費精算で使用しない場合に、受領した領収書の不正使用が想定されることです。

また、令和５年10月からは消費税のインボイス制度では、経費の支払いについて仕入税額控除を行う場合の要件として、適格請求書の保存が必要となります。決済データは適格請求書の記載要件を満たしていないため、消費税の仕入税額控除を行う場合には必ず要件を満たした領収書を保存する必要があります。さらに、適格請求書は適格請求書を発行できる登録事業者のみが発行することができますが、経費の支払先が登録事業者かどうかは決済データだけでは判断できません。

領収書の添付を不要とし、決済データを支払確証として経費精算プロセスを構築している企業は、これらの対応として領収書（適格請求書）を受領し処理することとする検討も必要となります。

図表：クレジットカード等の決済データの活用

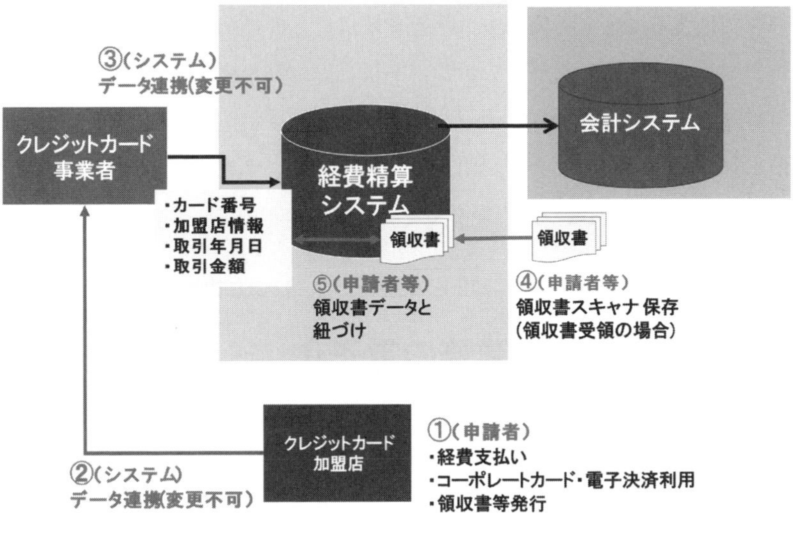

⑥　定期検査の必要性の検討

令和3年度の電帳法改正後は、適正事務処理要件が廃止されたため、定期検査を行う体制も法令要件ではなくなりました。定期検査要件は、定期的な第三者による検査を行い、適正入力が確認できている場合に書類の原本廃棄ができることとされており、適正な証憑保存や会計処理を行うため有用な制度とされていました。改正前にスキャナ保存制度の適用を受けている企業は、定期検査体制を社内で構築するために、誰がどの時期に定期検査を行うこととするのか、検査対象とする範囲や検査項目などを検討していました。

改正後は、定期検査を行わなくても適正に入力できている書類の原本は廃棄することが可能となりましたが、法令要件ではなくなったから全くやらないこととするのは、適正な業務処理の担保がされないことにもなりかねません。

改正前の第三者による定期検査体制ではなく、できるだけ業務処理工数をかけない方法で適正事務処理を担保するために、経費精算データを分析することによる不正アラートなどの方法を利用することで一定の不正精算等を防止することも可能です。部署や社員ごとの経費使用傾向や頻度、支払先ごとの使用金額などを分析し、不正と思われる経費を抽出する方法です。経費精算データは経費明細ごとに使用データが蓄積されます。この蓄積された経費使用データを利用して企業内のガバナンス強化のために利用することもDXの促進の観点からも必要と思われます。

2 請求書処理業務の電子化

請求書処理業務の電子化の検討では、請求書の授受方法、処理方法、保存方法の３つの観点からの説明をします。電子化によるメリットを最大限享受するためにはすべての観点からの電子化の検討が必要となります。

請求書は多くの企業で経理部署が最終的に支払業務を行うと思いますが、請求書は取引の最後に処理する書類となります。請求書は優先的に電子化を検討すべき書類ですが、業務全体の電子を行う場合には、請求書処理業務までの業務すべてが電子化される検討を行うことで企業の業務処理の電子化メリットは最大となります。また、インボイス制度では金額に関係なく仕入税額控除を行う場合には原則適格請求書の保存が必要となります。

書面で受領した請求書等の取引書類は、電帳法第4条第3項で規定されるスキャナ保存制度の適用により、データで保存することも可能で、この場合には請求書等の原本は廃棄することができますし、データで受領した請求書（電子インボイス）は電子取引となり、電帳法第7条の規定によりデータ保存が必要となります。

請求書処理業務の電子化を検討する場合、大きく分けて①請求書受領の電子化、②請求書支払承認の電子化、③請求書のデータ保存の3つのポイントに分けて解説します。

①　請求書の授受方法の検討

請求書など取引書類を書面（紙）で授受した場合、法人税法においては発行側は請求書控えを、受領者側は請求書を書面により保存することになります。請求書等をデータで授受した場合には、発行者側も受領者側も電帳法第7条で規定される電子取引となり、電帳法の法令の規定に従ったデータ保存が必要となります。

請求書をデータで授受する方法はいろいろあります。FAXやメールに添付して送ってもらう方法は、コロナ禍におけるテレワーク対応などで多くの企業が行っている方法ですし、請求書をクラウド上にアップロードし取引先にダウンロードしてもらうようなクラウドサービスも多々出現しています。請求書等をデータで受領してもらうには、取引先の協力が必要となります。もっとも昨今は取引先から請求書のデータによる発行を依頼されるケースも増えていますので、データで請求書等を授受することの取引先の協力は得やすくなっています。

図表：請求書の授受方法の検討

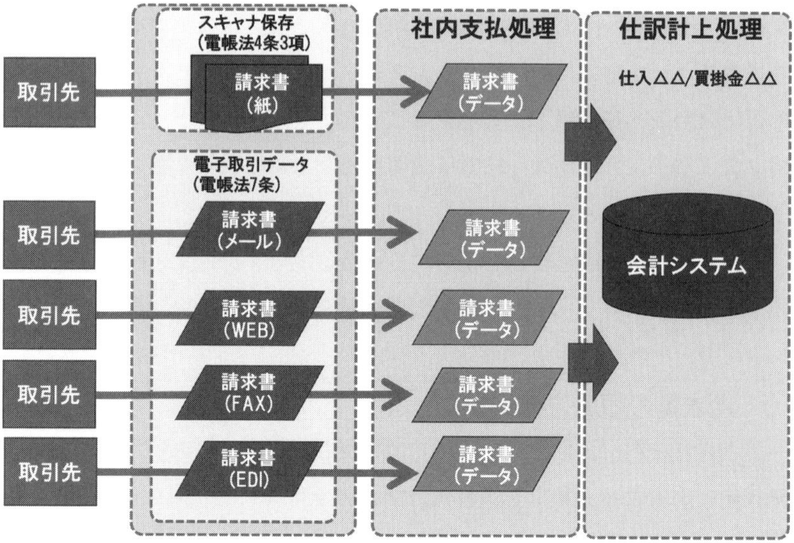

②　請求書の電子化の検討

請求書を受領した場合、自社の業務・会計システムに請求書の内容を入力する必要があります。また、請求書処理業務を電子化するためには、書面で受領した請求書はスキャニング等によりデータ化することになります。一方、データで受領した請求書は、スキャニング作業などは不要です。データで受領した請求書は電子取引となり、書面に出力し保存することはできませんからデータで保存することになります。書面請求書の受領を極力減らし、データで受領する請求書を増やすことで、請求書をデータ化する際のスキャニング作業等が軽減されますし、データの受領方法やデータ形式によっては、自社システムへの入力業務が軽減されます。

イ　書面請求書を受領した場合

書面請求書をデータ処理する場合、請求書自体をスキャニングしデータ化する作業、請求書記載内容を自社システムに入力する作業が発生します。請求書をデータで保存する場合、スキャンされたデータを保存することになり電帳法第４条第３項で規定されるスキャナ保存の要件に従った入力及びデータ保存が必要となります(スキャナ保存の要件については「4　電子帳簿保存法の概要　⑧国税関係書類のスキャナ保存の要件」(91頁)を参照)。

ロ　請求書データを受領した場合

請求書をデータで受領する方法は、様々な方法がありますが、受領した請求書データは電子取引データとなりますので、電帳法第7条の規定に従ったデータ保存が必要となるため、受領データをどのように保存するかを検討することになります（電子取引データの保存については「4　電子帳簿保存法の概要　⑨電子取引データの保存要件」（95頁）を参照)。

図表：請求書の電子化イメージ例

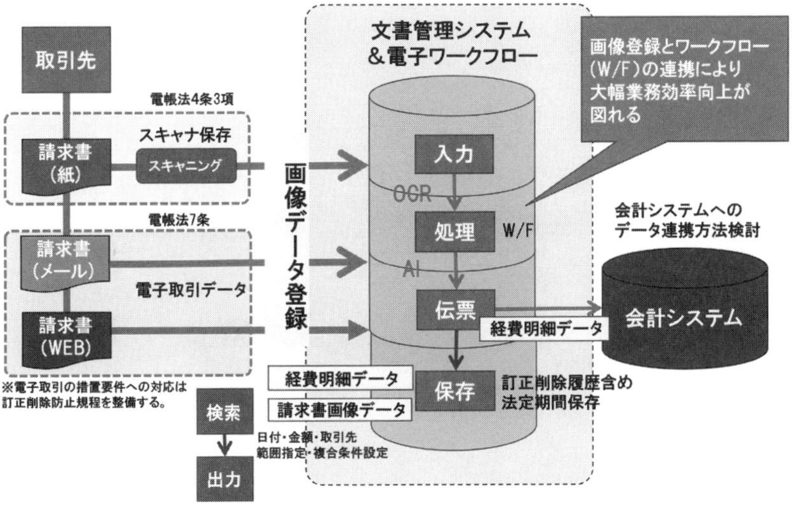

③　請求書の自社システムへの入力方法の検討

イ　請求書を自社システムに入力する

デジタルデータを活用するためには、正しく取引情報が入力されていることが大前提となります。請求書に記載されている取引情報を、自社の会計システムやワークフローシステムに入力する場合、紙の請求書やデータを見ながら入力する方法は入力業務と確認業務が発生します。入力はPDFデータなどからAI-OCR機能を利用できれば入力業務の工数削減が行えますし、請求書をCSVなどのテキストデータで受領できれば自社システム等へ自動取り込みも可能になります。スキャニングやデータで受領した請求書データからOCRで読み取りができるか、受領した請求書データがCSVデータであれば自社システムに取り込み可能かどうか、などについて検討します。

特に消費税インボイス制度の対応では、デジタル化されているインボイスを処理可能なワークフロー機能や、標準化されたデジタルインボイス（JP PINT）の活用による経理業務のDX化の検討なども重要です。自動入力され会計システムで伝票が自動作成できるように、適格請求書の標準化が行われています。標準フォーマットの電子インボイスであれば自社システム等に自動取り込みされることになり、入力業務の効率化や適正化が図れるようになります。

図表：電子請求書のデータ形式

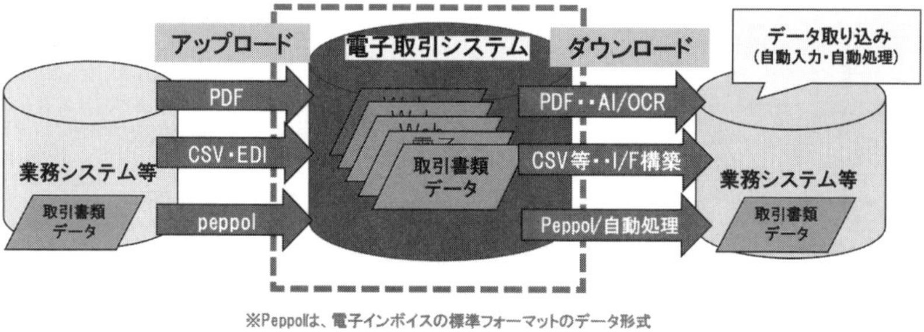

ロ　検索機能の確保要件への対応

電帳法第４条第３項（スキャナ保存）及び同法第７条（電子取引）の保存要件の一つである検索機能の確保要件では、書類データの検索項目として「取引年月日その他の日付」、「取引金額」、「取引先名称」の項目で検索する機能が必要です。これらの検索項目を新たに文書管理システム等に入力することは非効率です。これらの検索項目は、いずれも請求書の記載項目となっていますので、自社システム等に入力された請求書情報は、文書管理システム等に検索するインデックス情報として連携することで請求書データの検索機能を確保することが可能です。

また、スキャナ保存の要件である相互関連性確保要件の対応のため、書類データと関連する仕訳情報とが関連付けされるように、ワークフローの申請番号や伝票番号のような請求書や仕訳情報がユニークとなる項目とともに文書管理システム等に連携する必要があります。

図表：請求書の入力方法の検討

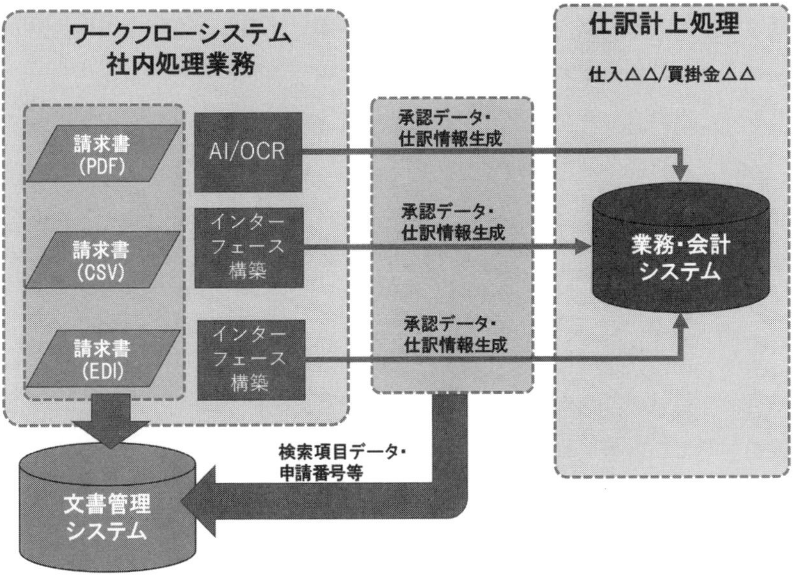

④　社内処理の電子化の検討

イ　社内業務処理の電子化

請求書データをデータ処理するためには、ワークフローシステムの導入が必要です。ワークフローシステムは業務処理をデータで行うことを目的としているシステムですので、文書保存機能は基本的にありません。ただ経費精算システムのように、経費承認と領収書画像を保存できるシステムもありますので、既にワークフローシステムを導入している場合には、請求書画像の添付機能があれば、添付された画像が法定保存期間保存されるか、保存する際に、電帳法の法令要件に対応しているかを確認します。新たにワークフローシステムの導入をする場合には、会社規模や請求書の処理数、処理する部署の態様により導入するべきワークフローシステムの選定を行い、書類データが電帳法の法令要件に対応した保存ができるかを確認します。

ロ　ワークフローシステムと文書管理システム等との連携ソリューション

承認業務等はワークフローを使用し、証憑画像は別途保存する方法でも問題はありませんが、承認業務と保存業務が分離してしまい、業務負荷がかかること、保存漏れ等が発生するなど運用上の問題があります。ワークフローに登録された請求書データが、電帳法要件に対応した文書管理システムなどに自動で連携され保存できる、あるいは文書管理システムに保存したデータが自動でワークフローシステムに登録できるようなシステム構築を行うことで請求書データの確実な保存と電帳法対応が可能となります。

また、承認後の会計システムへの伝票情報の連携方法は、承認された請求書の支払いデータから伝票情報を自動で会計システムへ連携できれば会計システムの入力業務や適正性が確保されることになります。

図表：ワークフローシステムと文書管理システムの連携ソリューション

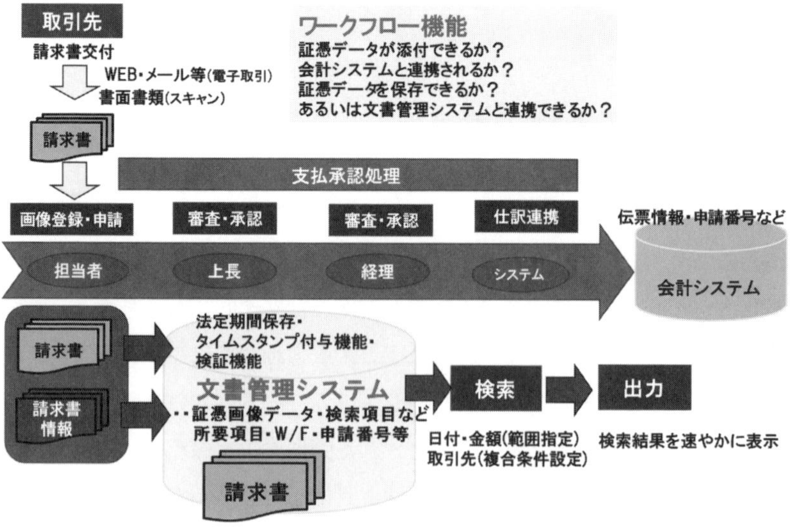

⑤　請求書データの保存の検討

請求書等をデータで保存するには、書面請求書等のスキャナ保存要件と電子取引データの保存要件のすべてを満たす必要がありますが、スキャナ保存の保存要件を満たしているシステムであれば電子取引データの保存要件は充足していることとなります。

法人税法で規定される青色申告法人は、繰越欠損金が生じた事業年度に係る帳簿書類のデータは10年間の保存が必要となりますので、書類データの保存期間は、最長では11年４か月となります。この期間中は書類データを電帳法の要件を満たした状態で、整然とした形式で明瞭に出力できるように保存する必要があります。

参考：電帳法のスキャナ保存要件と電子取引データの保存要件との関係

✔タイムスタンプ付与機能……スキャナ保存要件
⇒電子取引データへの措置（電帳法施行規則第４条第１項第２号）の対応が可能

✔入力時情報の確認（解像度・階調・書類の大きさ情報）
……スキャナ保存要件（令和６年１月以降は廃止）
⇒電子取引データの保存要件ではない

✔訂正及び削除データの履歴保存及び内容確認（バージョン管理）
……スキャナ保存要件
（電子取引データの保存要件ではない）

✔入力者情報の確認（入力者の直接監督者情報でも可）
……スキャナ保存要件（令和６年１月以降は廃止）
⇒電子取引データの保存要件ではない

✔書類データと仕訳明細データの相互関連性の確保
……スキャナ保存要件（令和６年１月以降は重要な書類のみの要件）
⇒電子取引データの保存要件ではない

✔検索機能の確保（取引年月日その他の日付・取引金額・取引先名称の項目で検索できること・日付・金額は範囲指定・他主要項目を２以上の項目で複合条件設定）
……スキャナ保存・電子取引の要件

⑥　請求書の電子化の後に検討すべきこと

請求書処理の電子化の検討はどの企業も優先的に検討すべき事項となりますが、請求書の電子化だけでは社内業務全体が電子化されていることにはなりません。請求書は取引の最終段階で発生する書類で、取引の最初の段階から請求書処理に至るまでは様々な取引書類を社内処理しているはずです。社内業務全体を電子化するには、請求書の処理を行うワークフローを活用し、取引ごとの書類データを一元管理する方法が考えられます。請求書の電子化が行われた後に、そのほかの書類に関する処理を電子化し、取引ごとの書類を一元管理することにより、社内のチェック機能は高まり会社のガバナンスが向上することが期待されます。

イ　ワークフローシステムを活用した業務プロセス

請求書処理のワークフローシステムが、請求書以外の業務処理にも利用できれば、例えば、見積承認業務、発注承認業務、検収業務なども電子化が可能となります。例えば、発注案件ごとに一連の取引に関連する見積書、発注書、納品書、検収書、請求書などを発注番号など個々の取引をユニークにできる項目で関連付けして文書管理システムで保存することも可能です。

図表：取引ごとの書類の管理方法

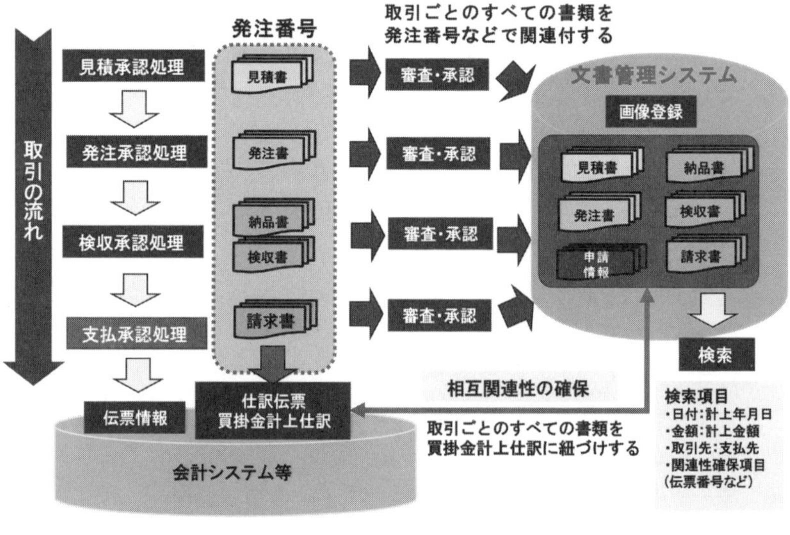

ロ　取引ごとの一連書類を一元管理する必要性

請求書の支払承認処理で確認するべき事項は、取引が間違いなく終了しているか、計上すべき科目や損金処理の可否や資産計上の要否などです。社内で行われている業務すべてを経理部署で確認することは難しいと思いますし、実際に取引が行われているのは経理部署ではなく、社内の各営業拠点等です。取引終了の確認は現場で行われ、経理部署では確認ができないのが多くの企業の現状と思います。例えば、納品書等の確認が経理部署で行えれば少なくとも納品されていないのに支払いを行うことは防げるかもしれません。

税務調査で確認される事項としては、取引が適正に行われ会計処理や税務処理が法令に従って処理されているかということです。取引が終了していないのに、経費等が計上されていたり、資産として計上すべき支払いを損金処理すると問題になるわけです。このほかにも、見積書作成が適正な単価で作成されているか、見積書通りに発注されているか、発注内容のすべてが納品されているか、納品後に請求書が発行され経費が計上されているか、取引のプロセスを調査しているのです。

これらの業務処理が取引現場のみの意図で行われている場合、会社内のガバナンスが図られた社内体制とは言えないのでなないかということです。

業務管理をデジタルデータで行うことは、社内ルールに従った業務処理が遂行されているか、社内において不適切な業務遂行がされていないかを統制することが目的となります。電子化のメリットは、業務効率化だけではなく、社内のガバナンス強化も大きなメリットとなります。

4 電子帳簿保存法の概要

1 インボイス制度と電子帳簿保存法の関係

令和５年10月１日から開始される消費税インボイス制度では、書面（紙）の適格請求書（以下、「インボイス」といいます。）を発行することでも対応は可能ですが、電磁的記録で発行する適格請求書（以下、「電子インボイス」といいます。）によることで、発行の手間が軽減され迅速な交付が可能となります。インボイス制度においては、電子インボイスによる対応を行うことによる納税者のインボイス制度に係る事務負担の軽減や、システム利用による適正な処理を行うことが期待されています。消費税法で電子インボイスが容認されたことで、システムベンダは様々な電子化サービスを登場させ、今や電子インボイスの標準化も進められ、全ての業種業態や会社規模の横断的なデジタルインボイスの活用が進められようとしています。

インボイス制度においては、消費税課税事業者が行う仕入税額控除の要件として、所要事項が記載された帳簿の保存と、適格請求書の保存が必要となり、インボイス制度を電子化により対応する場合には、帳簿や適格請求書のデータ保存では、電子帳簿保存法（以下、「電帳法」といいます。）の対応が必要となります。電子インボイスは、発行者側にとっても、受領者側にとっても電帳法第７条で規定される電子取引に該当するため、双方において当該電子インボイスを電帳法の規定に基づき保存することが必要です。

インボイス制度の対応では適格請求書等の保存は仕入税額控除を行う要

件のひとつとなり、厳重な保存が必要となります。経理業務の効率化のためにも請求書等についてはデータによる一元管理方法も検討のポイントとなります。

令和３年度の電帳法の改正により電帳法第７条で規定される電子取引データは、出力書面による保存方法が廃止されました。経過措置による宥恕規定も令和５年12月31日で終了することになり、令和６年１月１日からは令和５年度改正により新たな猶予措置が導入されます。電帳法の保存要件に対応できない相当な理由があれば出力書面による保存ができるようになりますが、書面による保存をする場合には、当該電子取引データを保存し、調査官の求めに応じて提示や提出ができるようにデータを保存する必要があります。一部の保存要件は免除されますが、データも保存することも必要になるため、書面保存によらず、データ保存のみで対応する必要もあろうかと思います。

今後、インボイス制度の対応は、デジタルデータを活用した業務処理の電子化も合わせて検討することも必要です。本章では、電子化において対応が必要な電帳法の各規定について解説したいと思います。

図表：インボイス制度で対応が必要な電帳法の範囲

根拠法	種類	保存原則	保存特例	電帳法条文	
消費税法	帳　簿 ※仕入税額控除の要件	書面	データ	法４条１項 データ保存	
	適格請求書控 ※自社紙発行控	書面	データ	法４条２項 データ保存	
	適格請求書控 ※データで発行した控	データ	紙 (消費税法特例)	法７条 データ保存	法人税・所得税法の保存義務者はデータで保存が原則
	適格請求書 ※書面で受領	書面	データ	法４条３項 スキャナ保存	
	適格請求書 ※データで発行	データ	紙 (消費税法特例)	法７条 データ保存	法人税・所得税法の保存義務者はデータで保存が原則

2 電帳法の概要

① 電帳法の法令対応が必要な対象範囲

電帳法は、税法で保存が義務付けされている帳簿や書類をデータで保存する場合の保存方法の特例法として、平成10年（1998年７月）に施行されている法律です。税法で保存が義務付けされている帳簿書類のデータ保存以外にも、電子取引により取引情報を授受した場合のデータの保存義務を規定しているのが電帳法となります。

電帳法の法令への対応が必要なのは、帳簿書類をデータで保存する場合と、電子取引データの保存を行う場合の２パターンのみとなります。

このうち、帳簿書類のデータによる保存については、税法で保存が義務付けられている帳簿書類の全部ではなく、その一部でもデータで保存することができます。データで保存することとする部分を明確に区分できる最小単位からデータ保存の検討を行うことができますので、対象範囲を限定し、段階的に電子化の検討を行うこともできます。

図表：電子帳簿保存法の対応の範囲

根拠法	種類	保存原則	保存特例	電帳法条文	対応優先度	要対応事項
法人税法	帳簿 ※法人税法で規定	書面	データ	法４条１項 データ保存	優先度中	データ保存する場合の保存方法の検討
	決算関係書類 ※決算に際し作成	書面	データ	法４条２項 データ保存		データ保存する場合の保存方法の検討
	取引関係書類 ※自社紙発行控	書面	データ	法４条２項 データ保存		データ保存する場合の保存方法の検討
	取引関係書類 ※受領紙書類	書面	データ	法４条３項 スキャナ保存		スキャナ保存する場合の保存方法の検討
電帳法	電子取引 対象：取引先間においてデータで発行・受領される取引情報 例：EDI・メール・FAX・インターネット利用取引・クラウド利用ほか	データ	令和３年度電帳法改正：書面保存廃止	法７条 データ保存	優先度高	社内の電子取引データを法令要件に従って保存する検討が必要

②　保存場所と保存期間

電子帳簿保存法第４条の規定の適用を受ける場合や同法第７条で規定する電子取引データ保存を行う場合には、当該適用を受ける国税関係帳簿書類に係る電磁的記録（データ）及び電子取引データの保存場所や保存期間は税法の規定が準用されます。

税法の規定では、保存すべき帳簿書類は、書面により納税地等において保存期間が満了するまで保存することになりますが、データで保存する帳簿書類や電子取引データは、保存データが整然とした形式でかつ、明瞭な状態でデータを出力することが要件となります。

法人税法の納税義務者の場合、国税関係帳簿書類の保存場所、保存期間については、法人税法施行規則第59条第１項で規定され、納税地に７年間保存することとされています。

取引関係書類については、取引を行った国内の事務所や事業所での保存も認められていますが、国外（法施行地外）においての保存は認められていません。国外との取引に係る取引関係書類の保存場所は納税地となるので事業年度終了後は、納税地で保存することになります。

保存期間を起算する日について、帳簿については、その閉鎖の日の属する事業年度終了の日の翌日から二月を経過した日から起算することとしています。また、書類については、その作成又は受領の日の属する事業年度終了の日の翌日から二月を経過した日から起算することとしています。確定申告書の提出期限の延長の特例の規定の適用を受けている法人については、二月にその延長に係る月数を加えた期間を経過した日から起算します。

例えば、令和５年４月１日から令和６年３月31日の事業年度であれば、その事業年度の期間に作成された帳簿、又は、その期間中に受領又は作成した書類は、令和６年６月１日から起算し、令和13年５月31日までの７年間保存することになります。

なお、青色申告法人が繰越欠損金の控除を利用する場合には、欠損金の繰越控除をする事業年度に係る帳簿書類等を保存することが必要となり、この場合10年間の保存が必要となります。

また、消費税法では、課税仕入れの適用を受けようとする事業者は、帳簿及び請求書等を整理し、当該帳簿については消費税確定申告書の申告期限の翌日から、請求書等についてはその受領した日の属する課税期間の消費税確定申告書の申告期限の翌日から起算し７年間、これを納税地又は取引に係る国内の事業所等で保存することになります。

③　電子化の検討に対応する電帳法の条文

帳簿書類や電子取引については、データで保存する場合の保存要件への対応を検討することが必要ですが、電帳法は当初の施行以来、数度の規制緩和による改正により、現在ではかなり法的要件が緩和されて電子化の検討がしやすくなりました。また､電子化を検討する企業が爆発的に増加し、ベンダ各社からも様々なDX関連のシステムがリリースされています。

電帳法では、税法で保存が義務付けられている帳簿書類について、全部又は一部についてデータで保存することができることとしています。データによる保存は、作成されたデータがある場合（図表「電子帳簿保存法の対応範囲と対応条文」の①）と作成データがない場合（同図表の②）で検討方法は異なります。国税関係帳簿書類（①及び②）について、データで保存する場合の承認制度は令和３年度の改正により廃止されています。令和４年１月１日以降に国税関係帳簿書類の全部又は一部について、データで保存する場合には電帳法で規定される要件に従って入力や保存を行うことで、書面による帳簿書類の保存に代えてデータで保存をすることができます。

また、取引情報を電磁的方式（データ）で授受する電子取引の場合には、授受データを送信者、受信者双方でそれぞれ保存することになります(同図表の③)。電子取引は申告所得税及び法人税の保存義務者は、電子取引を行った場合に当該電子取引データの保存が義務付けされるものですので、事前の届け出や申請は必要ありません。

図表の①～③のそれぞれのパターンにおいて電帳法の対応すべき条文は

異なるため、電子化の検討では、図表のどの部分のデータ保存の検討なのかを認識して検討する必要があります。

図表：電子帳簿保存法の対応範囲と対応条文

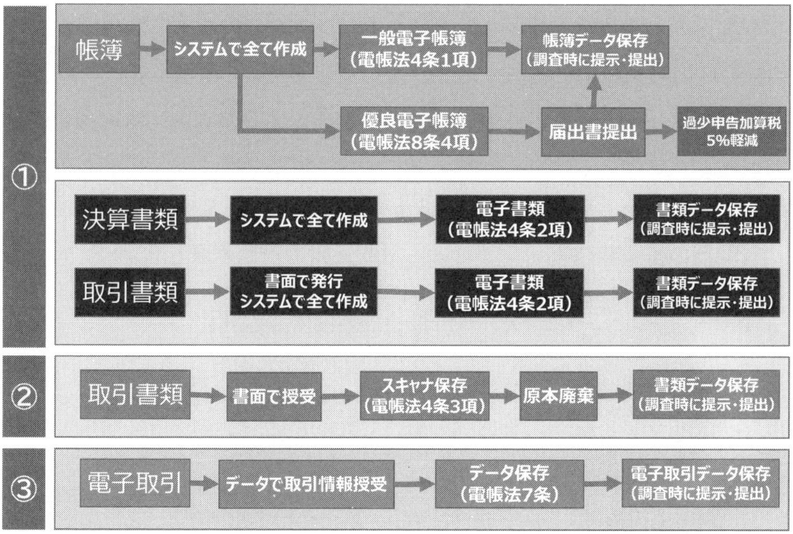

④　令和５年度の電帳法の改正

令和５年度において電帳法が次の通り改正され、電帳法で規定される法令要件の緩和措置が行われています。また、電帳法で保存義務が規定される電子取引データについては、法令に対応できない納税者の救済をするための電子取引データの保存方法の見直しが行われました。

イ　過少申告加算税の軽減の特例規定の改正

令和３年度の電帳法改正で導入された優良電子帳簿を利用している場合の過少申告加算税の軽減制度は、税法で備付け、保存が義務付けされているすべての帳簿を電帳法第８条第４項（優良電子帳簿）で規定されるすべての要件を満たして入力及び保存をしており、かつ、事前に所轄税務署長に本規定の適用を受けたい旨の届出書を提出した場合に、税務調査において賦課される過少申告加算税の税率が５％軽減されるという規定です。

本規定は、令和５年度の改正において、この優良電子帳簿の範囲を税法で備付け、保存が義務付けされている帳簿の全部ではなく、一部の帳簿のみとすることで緩和する改正が行われています（図表「過少申告加算税の軽減措置の適用帳簿」参照）。

本改正で、優良電子帳簿の範囲から除かれた帳簿は、例えば、「現金出納帳」、「当座預金出納帳」、「給与台帳」などが挙げられます。

本法令は、令和６年１月１日以降に法定申告期限が到来する国税から適用されます。

図表：過少申告加算税の軽減措置の適用帳簿

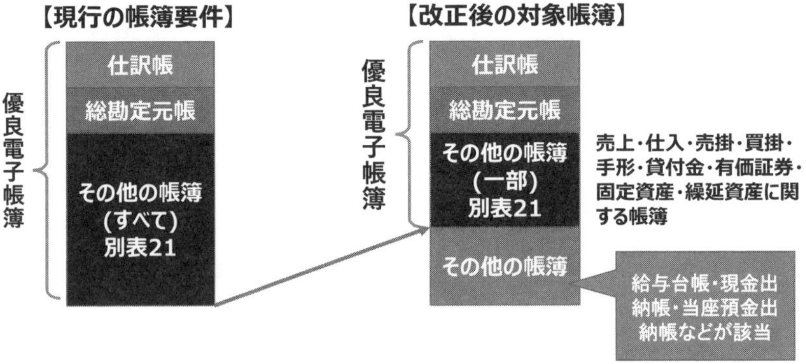

六　納税環境整備（令和５年度与党税制改正大綱：原文のまま）

１　電子帳簿等保存制度の見直し

(1)　国税関係帳簿書類の電磁的記録等による保存制度について、一定の国税関係帳簿に係る電磁的記録の保存等が、国税の納税義務の適正な履行に資するものとして一定の要件等を満たしている場合におけるその国税関係帳簿（以下「優良な電子帳簿」という。）に係る過少申告加算税の軽減措置の対象となる申告所得税及び法人税に係る優良な電子帳簿の範囲を次のとおりとする。

①　仕訳帳

②　総勘定元帳

③　次に掲げる事項（申告所得税に係る優良な電子帳簿にあっては、ニに掲げる事項を除く。）の記載に係る上記①及び②以外の帳簿

イ　手形（融通手形を除く。）上の債権債務に関する事項

ロ　売掛金（未収加工料その他売掛金と同様の性質を有するものを

含む。）
その他債権に関する事項（当座預金の預入れ及び引出しに関する事項を除く。）
ハ　買掛金（未払加工料その他買掛金と同様の性質を有するものを含む。）
その他債務に関する事項
ニ　有価証券（商品であるものを除く。）に関する事項
ホ　減価償却資産に関する事項
ヘ　繰延資産に関する事項
ト　売上げ（加工その他の役務の給付その他売上げと同様の性質を有するもの等を含む。）その他収入に関する事項
チ　仕入れその他経費又は費用（法人税に係る優良な電子帳簿にあっては、賃金、給料手当、法定福利費及び厚生費を除く。）に関する事項
（注）上記の改正は、令和６年１月１日以後に法定申告期限等が到来する国税について適用する。

ロ　国税関係書類のスキャナ保存に係る緩和措置

電帳法第４条第３項で規定する国税関係書類のスキャナ保存に係る保存要件のうち、「入力時情報の確認」、「入力者等の確認」の要件が廃止されました。改正法令は、令和６年１月１日以降行う国税関係書類のスキャナ保存から適用されます。

「入力時情報の確認」の要件は、証憑をスキャナ入力する際に使用する入力機器が、要件に従っているかを確認ができるように、証憑データから入力時の解像度情報、階調情報、書類の大きさ情報の確認ができることとなっていましたが、これが廃止されました。入力機器の機能要件は変更がないことから、引き続きスキャナ保存においては要件を満たす入力機器を使用して入力することが必要です。スキャナ保存においては、証憑書類に記載されている４ポイントの文字が認識できるように入力することが必要です。たとえ入力機器の要件を満たしてスキャニング（あるいは撮影）するとしても、４ポイントの文字が認識できなければ適正な入力がされてい

図表：国税関係書類のスキャナ保存の保存要件の緩和

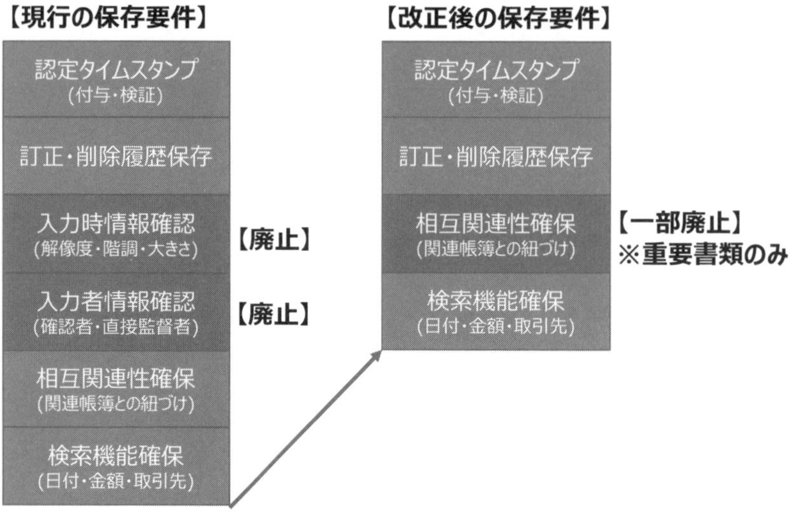

ないことになりますから注意が必要です。

「入力者情報の確認」の要件については、入力データと原本を確認した者（入力者）又はその者を直接監督する者の情報が確認できることが必要でしたが、本要件は廃止されました。電帳法のスキャナ保存では、要件に従った入力や保存がされていれば書類原本は廃棄することができます。その要件としては、書面書類を誰がどのように入力し保存するのかが定められた社内規程の整備も要件となります。たとえ入力者情報を確認できることが法令要件ではなくなったとしても、スキャナ保存の入力や保存の社内体制は検討を行い、適正に書類データを保存することは必要となります。

六　納税環境整備（令和５年度与党税制改正大綱：原文のまま）

１　電子帳簿等保存制度の見直し

⑵　国税関係書類に係るスキャナ保存制度について、次の見直しを行う。

①　国税関係書類をスキャナで読み取った際の解像度、階調及び大きさに関する情報の保存要件を廃止する。

②　国税関係書類に係る記録事項の入力者等に関する情報の確認要件を廃止する。

③　相互関連性要件について、国税関係書類に関連する国税関係帳簿の記録事項との間において、相互にその関連性を確認することができるようにしておくこととされる書類を、契約書・領収書等の重要書類に限定する。

（注）　上記の改正は、令和６年１月１日以後に保存が行われる国税関係書類について適用する。

ハ　電子取引データの保存方法の見直し

令和３年度の改正前は、電子取引データを出力した書面を整理して保存し、調査官の求めに応じて提示や提出ができるように保存している場合には、電子取引データの保存は不要とされていました。令和３年度の改正では、電子取引を行った場合の当該電子取引データの出力書面による保存方法が廃止されました。本改正は、令和４年度改正により宥恕措置が取られ、令和５年12月31日までは、データで保存できないことについてやむを得ない事情があると認められた場合には、引き続き当該電子取引データを出力書面により保存することが認められています。

令和５年度改正では、本宥恕措置は、令和５年12月31日で終了することとし、令和６年１月１日からは新たな猶予措置が講じられ、以下の改正がされています。

㋑　出力書面による保存方法の容認

新たな猶予措置として、当面の間は出力書面による電子取引データの保存を認めることとしています。ただし、令和３年度改正前のように、出力書面を整理保存している場合にデータ保存が不要となるわけではなく、電子取引データの出力書面による保存を行う場合には、当該電子取引データの保存も必要となることに注意が必要です。

出力書面を整然とした形式かつ明瞭な状態で保存し、調査官の求めに応じて提示又は提出ができるようにしている場合、電子取引データの保存に当たっては、真実性の確保要件（措置要件）や検索機能の確保要件は免除されます。この場合、調査官の求めに応じて電子取引データを速やかに提示又は提出ができるように保存することが必要で、データ保存する場合でも規則性を持った保存方法の検討は必要となります。

㋺　検索機能の確保の見直し

判定期間[1]において売上高が５千万円以下の事業者については、税務調査において調査官の求めに応じて当該電子取引データを提示又は提出できるようにしている場合には、検索要件の全てを不要とすることとされました。改正前の規定においては、売上高１千万円以下の事業者とされていました。

㋩　保存担当者情報の確認要件を廃止

電子取引データの保存に当たり、真実性の確保要件（措置要件）のうち、電帳法施行規則第４条第１項第２号で規定される電子取引データの授受後にタイムスタンプを付与する場合の要件であった保存担当者情報を確認できるようにしておく要件が廃止されました。この改正は、国税関係書類のスキャナ保存の保存要件の改正において、入力担当者情報の確認の要件が廃止されたことに伴うものです。

書類のデータ保存においては、書面で受領した書類でもデータで受領した書類でも書類の授受後、業務サイクル後速やかに（約67日以内）にスキャナ保存（電帳法第４条第３項）の要件を満たすシステムに、当該スキャナ保存データ又は電子取引データを保存する場合には、同様の運用ルールにおいて保存することが可能となり、データにより書類の一元管理を行うことが可能となります。

1　判定期間とは法人であれば２事業年度前、個人であれば２年前の課税期間が該当し、当該判定期間における売上高で判定する。

【電子取引データの保存方法の見直し】

①　システムの対応が間に合わなかった事業者等への対応
・電子取引データの保存を法令要件に従って保存できない相当な理由がある事業者等については、新たな猶予措置を設けることとされた。
・電子取引データの出力書面（整然とした形式及び明瞭な状態で出力したものに限る）により保存し、当該書面を調査官の求めに応じて提示又は提出することができるようにしている場合には、電子取引データの保存に当たっては、真実性の確保要件、検索要件は不要とする。
・現行の経過措置（令和４年度改正）は、適用期限（令和５年12月31日）で廃止。

②　検索機能の確保要件の見直し
・判定期間において売上高５千万円以下の事業者については、電子取引データのダウンロードの求めへの対応を前提として検索機能の確保要件を不要とする。

③　タイムスタンプで措置する場合の保存担当者情報の確認要件を廃止
・電子取引データの保存要件のうち、真実性の確保要件（措置要件）をタイムスタンプを付与することにより対応する場合の、保存担当者情報を確認できることとする要件を廃止。（スキャナ保存の要件で入力者情報の確認要件を廃止した改正との整合性）

六　納税環境整備　（令和５年度与党税制改正大綱：原文のまま）
1　電子帳簿等保存制度の見直し
(3)　電子取引（取引情報の授受を電磁的方式により行う取引をいう。以下同じ。）の取引情報に係る電磁的記録の保存制度について、次の見直しを行う。
①　電子取引の取引情報に係る電磁的記録の保存要件について、次の措置を講ずる。
イ　保存義務者が国税庁等の当該職員の質問検査権に基づく電磁的記録のダウンロードの求めに応じることができるようにしている場合には検索要件の全てを不要とする措置について、対象者を次のとおりとする。
(イ)　その判定期間における売上高が5,000万円以下（現行：1,000

万円以下）である保存義務者
㈺　その電磁的記録の出力書面（整然とした形式及び明瞭な状態で出力され、取引年月日その他の日付及び取引先ごとに整理されたものに限る。）の提示又は提出の求めに応じることができるようにしている保存義務者
ロ　電磁的記録の保存を行う者等に関する情報の確認要件を廃止する。
②　電子取引の取引情報に係る電磁的記録を保存要件に従って保存をすることができなかったことについて相当の理由がある保存義務者に対する猶予措置として、申告所得税及び法人税に係る保存義務者が行う電子取引につき、納税地等の所轄税務署長が当該電子取引の取引情報に係る電磁的記録を保存要件に従って保存をすることができなかったことについて相当の理由があると認め、かつ、当該保存義務者が質問検査権に基づく当該電磁的記録のダウンロードの求め及び当該電磁的記録の出力書面（整然とした形式及び明瞭な状態で出力されたものに限る。）の提示又は提出の求めに応じることができるようにしている場合には、その保存要件にかかわらず、その電磁的記録の保存をすることができることとする。
③　電子取引の取引情報に係る電磁的記録の保存への円滑な移行のための宥恕措置は、適用期限の到来をもって廃止する。
（注）　上記の改正は、令和６年１月１日以後に行う電子取引の取引情報に係る電磁的記録について適用する。

⑤　国税関係帳簿のデータ保存の検討

会計帳簿と呼ばれる仕訳帳や総勘定元帳、これ以外にも法人税法では様々な目的別の取引の記録としての帳簿の備付け、保存を義務付けています。また消費税法でも、仕入税額控除を行うには、所要事項を帳簿へ記載しその帳簿を保存することが要件と規定されています。インボイス制度の対応を行う場合には、消費税法の仕入税額控除の要件を満たす帳簿がどの帳簿であるか特定を行い、消費税法で規定される記載項目の確認やその帳簿の保存方法について検討する必要があります。税法で保存が義務付けられる帳簿は、書面により整理して保存できていることが必要で、税務調査にお

いて提示や提出の対応ができなければ保存がされていないことになります。

ほとんどの企業等は、帳簿は業務システムや会計システムで作成されていると思います。令和３年度の改正により、電帳法第４条第１項の規定が改正され、帳簿の作成をすべてシステムにより行っている場合（条文では「最初の記録段階から一貫して電子計算機を使用して作成する場合」）には、その全部又は一部について税務調査において調査官の求めに応じてダウンロードできるように保存されていれば、データで保存することができるように改正されました（以下、電帳法第４条第１項の規定により保存される電子帳簿のことを「一般電子帳簿」といいます。）。本法令は令和４年１月１日以降に開始する事業年度に係る帳簿データから適用されています。

なお、令和３年度改正では、税法で備付けや保存が義務付けされている全ての帳簿を優良電子帳簿の要件に従って作成や保存がされている場合には、事前の届け出により、税務調査時の過少申告加算税を軽減する制度を導入しています。優良電子帳簿により帳簿データの保存をすることで、帳簿や決算書の信頼性も高まり、さらに過少申告加算税の軽減も受けられることから、制度導入の検討を行う必要もあります。

【電子帳簿の保存要件】

全ての国税関係帳簿の電磁的記録による保存要件

法第４条第１項：自己が最初の記録段階から一貫して電子計算機を使用して作成する帳簿であること

規則第２条第１項：法第四条第一項に規定する国税関係帳簿は、所得税法又は法人税法の規定により備付け及び保存をしなければならないこととされている帳簿であって、資産、負債及び資本に影響を及ぼす一切の取引につき、正規の簿記の原則（同法の規定により備付け及び保存をしなければならないこととされている帳簿にあっては、複式簿記の原則）に従い、整然と、かつ、明瞭に記録されているものとする。

イ　一般電子帳簿

電帳法第４条第１項においては、国税関係帳簿の電磁的記録による備付け及び保存について規定しています。電帳法第４条第１項で規定する財務省令（施行規則）第２条第１項では，関係書類の備付け（同項第１号）及び見読可能性の確保（同項第２号）、国税関係帳簿に係る電磁的記録をダウンロード機能の確保（同項第３号）の要件を満たす場合に電帳法第４条第１項の規定の適用を受けることができるとしています。

（国税関係帳簿書類の電磁的記録による保存等）

法第４条第１項　保存義務者は、国税関係帳簿（財務省令で定めるものを除く。）の全部又は一部について、自己が最初の記録段階から一貫して電子計算機を使用して作成する場合には、財務省令で定めるところにより、当該国税関係帳簿に係る電磁的記録の備付け及び保存をもって当該国税関係帳簿の備付け及び保存に代えることができる。

図表：一般電子帳簿の保存要件

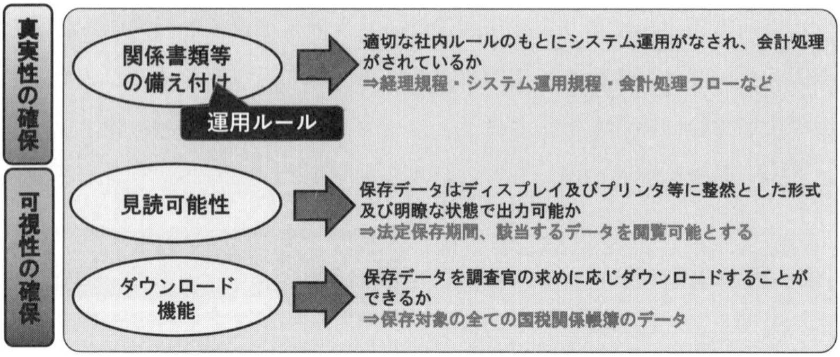

ロ　優良電子帳簿

電帳法施行規則第５条第５項の規定では、「イ．一般電子帳簿」の要件に加え、訂正及び削除の履歴、追加入力の事実と内容が確認できるシステムの利用（同項第１号イ）、システム間の相互関連性の確保（同号ロ）、検索機能の確保（同号ハ）の要件を満たす場合の国税関係帳簿を優良電子帳簿として電磁的記録の保存に代えられるとしています。

図表：優良電子帳簿の保存の５要件

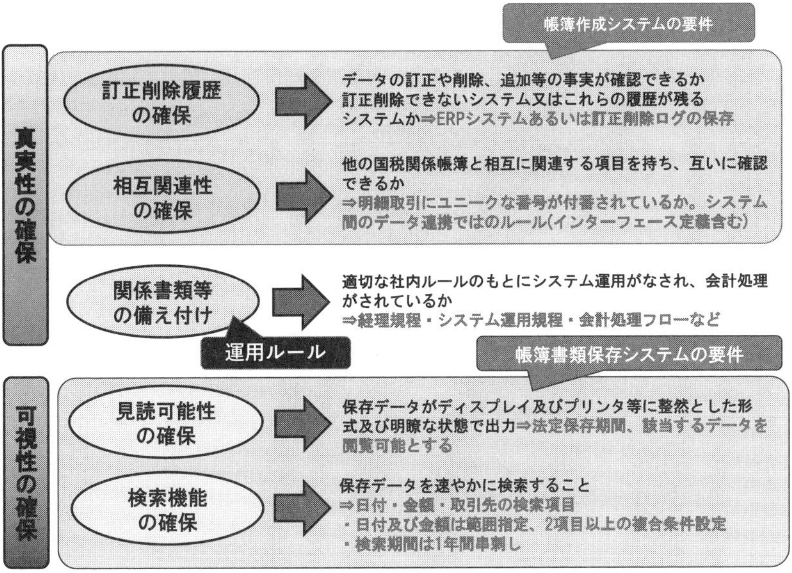

ハ　過少申告加算税の軽減の特例

税法で備付け、保存が義務付けされる一定の帳簿（帳簿の範囲については、本章「④　令和５年度の電帳法の改正　イ過少申告加算税の軽減の特例規定の改正」（77頁）を参照）が優良電子帳簿の要件に基づき保存されている場合、当該国税関係帳簿に記録されている事項に関し、所得税、法人税又は消費税に係る修正申告又は更正があった場合には、仮装隠蔽行為があった場合に課される重加算税対象を除き、申告漏れに課される過少申告加算税の額は通常賦課される過少申告加算税の額から当該申告漏れに係る所得税、法人税又は消費税の５％に相当する金額を控除した金額となります。過少申告加算税の軽減規定の適用を受けるには、事前に所轄税務署長に適用を受けたい旨の届け出をする必要があります。

令和５年度改正法令は、令和６年１月１日以降申告期限が到来する事業年度に係る国税から適用されます。

図表：過少申告加算税の軽減の特例制度

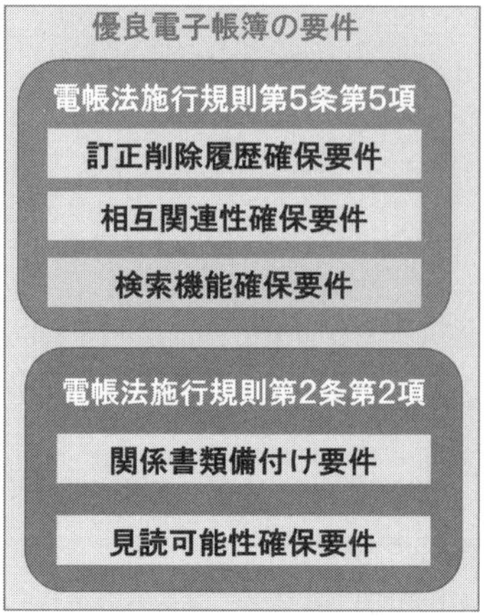

過少申告加算税の軽減(5%)の適用要件：

①一定の帳簿が優良電子帳簿であること(令和5年度改正)
帳簿を作成するシステムすべてが優良電子帳簿の要件を満たす場合に過少申告加算税の軽減の適用を受けることができる。ただし、ほかに重加算税対象がないことが前提。

②事前に適用届出書を提出すること
記載事項
一　届出に係る特例国税関係帳簿の種類
二　届出者の氏名又は名称・住所等
三　特例国税関係帳簿に係る電磁的記録の備付け及び保存に代える日
四　その他参考となるべき事項
五　法令要件対応に係るチェックシート(様式16ページ)
提出期限　適用を受ける国税の法定申告期限
令和5年度改正法令適用時期：令和6年1月1日以降申告期限が到来する事業年度に係る国税から適用

⑥　決算関係書類のデータ保存の検討

決算関係書類自体は、消費税法で規定される仕入税額控除の要件とはなりませんが、消費税確定申告書を作成する上では必ず参照を必要とする書類となります。法人税法や所得税法では保存が必要な書類とされていますので、インボイス制度の対応を検討する際には電子化の検討を行っておいた方がよろしいと思います。

決算関係書類のデータ保存は、データ量自体が大きくないことから比較的簡単に導入ができます。ただし、決算関係書類とは、決算に際して作成される書類が該当し、決算書以外にも、実地棚卸表や精算表、決算整理に作成した書類なども対象となるため、どの書類が決算関係書類になるかをしっかりと理解し、保存対象とする決算関係書類に係る作成データが確実に保存できるように検討を行います。

決算関係書類のデータは、主にPDF形式で保存することが可能です。検索日付は特になく事業年度ごとにフォルダで保存することで問題はありません。Excel形式で作成されたスプレッドシートなどは、PDF形式にデータ変換して保存することをお勧めします。

⑦　取引関係書類の電子化の検討

取引先との間で書面により授受される取引書類をデータで保存するには、取引相手に交付する書類のように自社システムで作成されたデータがあれば当該作成されているデータで保存が可能です（電帳法第４条第２項）。取引相手から受領する書面書類などをデータで保存するには、スキャニングや記載内容を自社システムに入力し保存する必要があります（電帳法第４条第３項）。取引書類のデータ保存もスキャナ保存も電帳法の各要件に従ってデータの保存をする必要があります。

取引先との間でデータにより授受される取引情報や取引書類のデータは、電帳法第７条で規定される電子取引となりデータの保存が必要となっており、電子化の検討においては、書面書類をデジタルデータに変換するより、デジタルデータで取引書類を授受する方が効率的です。DXの活用を行うためには電子取引によるデータをどのように授受するかを検討する必要もあります。

イ　自社発行書類の控え（電帳法第４条第２項）

取引書類データが自社システムで作成される場合、取引先へ書面で交付した書類の控えの保存に代えて、当該取引書類の作成データを保存することができます。この場合のデータ保存は、電帳法第４条第２項の国税関係書類の電磁的記録による保存等で規定される財務省令（電帳法施行規則）に従って保存する必要があります。

取引先へ交付する書面のうち、手書き書類あるいは手書きが含まれる書類については、作成されているデータはありませんから当該書面書類をスキャニングしてスキャンデータを保存することで書面書類の保存に代えることができます。この場合、電帳法の規定に従った入力や保存がされている場合には、書類の原本の廃棄をすることができます。

図表：書類のデータ保存（電帳法第４条第２項）

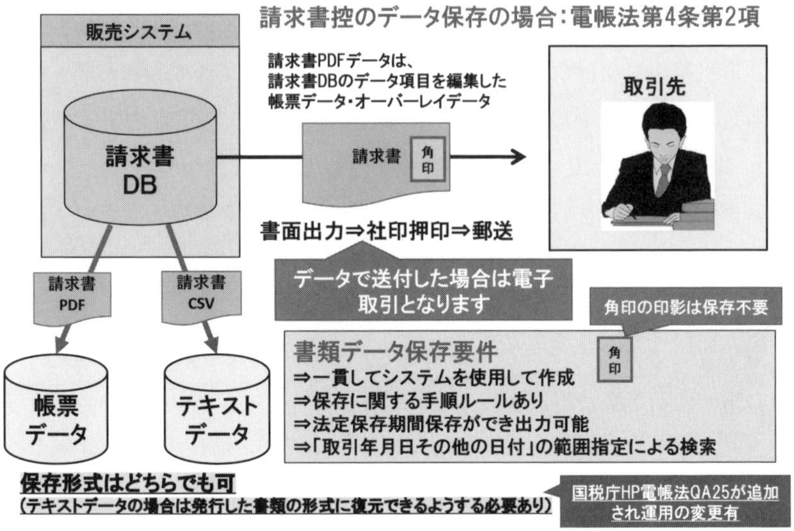

ロ　取引先から受領する書面書類（電帳法第４条第３項）

電帳法第４条第３項では、決算関係書類を除く国税関係書類の全部又は一部について、財務省令で定める装置を使用して一定の要件に従って電子化する場合には、書類原本の保存に代えてスキャナ保存によりデータで保存できる旨を規定しています。また、電帳法第４条第３項後段の規定により、スキャナ保存の要件を満たして保存が行われていないデータであっても、税法で定める保存場所に保存すべきこととなる期間、当該データを保存しなければなりません。

スキャナ保存を行う取引書類の原本については、スキャナ保存の要件に従った入力及び保存がされている場合には廃棄することができます。ただし、電帳法で定める要件に従って入力や保存がされていない書類の原本については廃棄することができませんので、データと共に原本についての法定期間の保存が必要となります。スキャナ保存の要件については次節で解説します。

スキャナ保存では、取引書類を重要な書類とそれ以外の書類とに分類します。重要な書類とは、契約書、納品書、請求書、領収書など取引に直接関係する証拠となる重要性が高い書類が該当します。重要な書類のスキャナ保存はそれ以外の取引書類と比較して要件が厳しくなります。

図表：スキャナ保存対象書類と区分

【スキャナ保存対象】
国税関係書類のうち、取引に関して相手方から受け取った取引書類及び自己が作成した取引書類の写し（法第4条第3項、規則第2条第4項）

区　分	証憑例示	入力期限
重要な書類 資金や物の流れに直結・連動する書類	契約書、納品書、請求書、領収書、請書、借用証書、預かり証、預金通帳、小切手、手形、送り状、輸出証明書及びこれらの写し　など	有
一般書類 資金や物の流れに直結・連動しない書類	見積書、注文書（請書がある場合）、検収書、作業報告書、入庫報告書、貨物受取証、保険契約申込書、口座振替依頼書、ローン申込書及びこれらの写し　など	無

【スキャナ保存対象外】
・国税関係帳簿・・・仕訳帳、総勘定元帳、補助元帳等
・国税関係書類のうち決算関係書類・・・棚卸表、貸借対照表、損益計算書等

⑧　国税関係書類のスキャナ保存の要件

国税関係書類のスキャナ保存の要件は、保存システムの要件、入力機器の要件、出力機器の要件、入力期限の要件の４つの種類に分類されます。令和５年度の改正において、スキャナ保存の保存システムの要件であった「入力時情報の確認」、「入力者等の確認」の要件が廃止されています。

以下、令和５年度の改正後（令和６年１月１日以後にスキャナ保存を行う場合）の要件について解説します。

イ　保存システムの要件

㋑　タイムスタンプの付与及び検証機能[2]

国税関係書類をスキャナ保存する際には、一の入力単位（原則として書類ごと）のデータに対してタイムスタンプを付与しなければならないこととしています。タイムスタンプは、いつ作成されたデータかという存在証明及び非改ざん性を証明することができます。電帳法で規定されているタイムスタンプとは、総務大臣（令和５年７月29日までは、一般財団法人日本データ通信協会で可）が認定する時刻認証業務の認定を受けた認定事業者が発行するタイムスタンプをいいます。

スキャナ保存を行うシステムでは、当該タイムスタンプの付与、及び当該タイムスタンプを検証する機能が必要です。検証機能は、タイムスタンプが有効であること、データの非改ざん性を検証することが必要です。また、検証機能は、課税期間中に付与されているタイムスタンプを一括して検証する機能も要件となります。

㋺　訂正及び削除履歴の確保

スキャナ保存では、保存された書類データの訂正又は削除を行った場合には、これらの事実及び内容を確認できることが要件となっています。訂正又は削除を行った場合の履歴を保存する方法、あるいは訂正又は削除を行うことができない仕様となっていることのどちらかで対応できます。

「訂正又は削除」とは、既に保存されている証憑等のデータを訂正（差し替え）又は削除（取り消し）した場合をいい、訂正された証憑等のデータは､新たに差し替えられた訂正権の証憑等データとの関連付け(バージョン管理）を行う必要があります。

したがって、スキャナで読み取った最初のデータと保存されている最新のデータが異なっている場合は、その訂正又は削除の履歴及び内容のすべてを確認することができることに留意する必要があります。

㋩　相互関連性の確保

スキャナ保存された証憑データと関連する帳簿（仕訳情報）の間で、相

2　令和３年度の改正により、保存するシステムが、利用者の改ざん可能性を100％排除できる、例えば他社が提供するSaaS型のクラウドサービスなどにおいて、公共時刻情報で保存日時を表示でき、訂正及び削除の履歴を全て保存できる機能があるシステムに保存する場合には、タイムスタンプを不要（電子取引データを保存する場合を除く）とすることができるように改正されています。

互にその関連性を確認できることが要件とされています。この「関連性を確認すること」とは、例えば、相互に関連する書類及び帳簿の双方に伝票番号、経費番号、取引案件番号など仕訳情報を一意（ユニーク）とする項目で関連付けする方法、データ件数が少ない場合などでは日付や取引先など特定できる項目を持つことで、証憑データ及び仕訳情報のいずれからでも確認できるようにする要件となります。

この場合、関連性を確保するための番号等が帳簿に記載されていない場合であっても、他の書類を確認することなどによって帳簿に記載すべき当該番号等が確認でき、かつ、関連する書類が確認できる場合には帳簿との関連性が確認できるものとして取り扱われます。

令和５年度の改正において相互関連性の確保の要件は、国税関係書類のうち重要な書類のみの要件とされ、一般書類については対応が不要となりました。

㈡　検索機能の確保

スキャナ保存された証憑等のデータは、「取引年月日又はその他の日付[3]」、「取引金額」、「取引先」の３項目で検索ができる機能が必要です。検索方法は、日付情報、金額情報については範囲指定ができること、２項目以上の条件設定が可能であり、速やかに検索結果のみを明瞭に表示できることが必要です。

ただし、検索項目などをダウンロード又は検索項目が含まれる検索簿データをExcelなど表計算ソフトで作成し、これにより検索してデータを取り出す方法も認められています。

ロ　入力機器の要件

証憑等は法令で定められるスキャナ機器により入力（スキャニング）する必要があります。電帳法では、書類を読み取る際の要件として200dpi以

3　取引年月日とは、書類に記載されている日付のほか受領日や処理日などが該当しますが、その他の日付とは、書類と仕訳データが関連付けられている場合などでは計上年月日などが該当することになります。

上、赤・緑・青それぞれ256階調以上で入力することを規定しています。解像度は一義的には200dpiとしていますが、書類に記載されている４ポイントの文字が判読可能でなければ出力要件を満たせないため、入力画像の確認時には注意が必要です。

スマートフォンやデジタルカメラ等を使用して読み取りを行った場合、原稿台と一体となっているスキャナ機器と違い、一定の光源を確保できない場合や、撮影技術に影響される場合などが想定されますが、４ポイント以上の大きさの文字を認識することができることが出力時の要件となりますので、適切な画素数などを設定し入力することも必要です。

ハ　出力機器の要件（見読性の確保）

スキャナ機器で読み取られた証憑等のデータ録を出力するためには、出力するためのパソコン等の機器や一定のスペックの出力機器等を整備しなくてはなりません。

まず、出力機器等の設置の要件では、スキャナ保存された証憑等の画像データを保存場所において閲覧することができるプログラムを備えたパソコンと14インチ以上のカラーディスプレイ及びカラープリンタ（一般書類の場合には白黒プリンタでも可）、これらの操作説明書を備え付ける必要があります。

これらの機器を用いて証憑等のデータが、整然とした形式で明瞭な状態で速やかに出力することができるようにしておくことが必要です。

なお、出力に当たっては、「拡大又は縮小」が可能であること、「４ポイントの大きさの文字を認識」することができることが要件となっています。

ニ　期限内入力の要件（運用要件）

国税関係書類のうち重要な書類に分類される書類については、当該書類の入力において入力期限を次の２つの方法のいずれかで行うことが規定されています。

㋑　国税関係書類に係る記録事項の入力をその作成又は受領後、速やかに行うこと（以下、「速やかに入力方式」といいます。）。速やかに入力方

図表：スキャナ保存：システム等の要件と運用要件（令５改正）

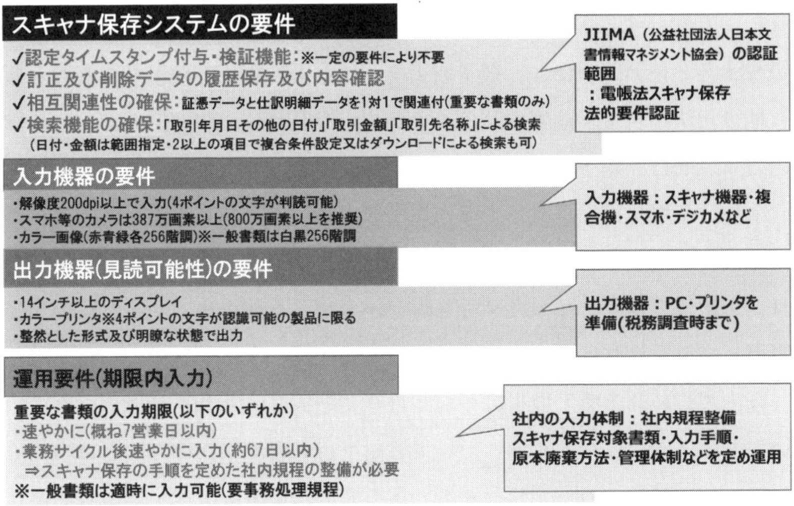

式とは、書類の作成又は受領後約７営業日以内と解釈されています。

㊀　国税関係書類に係る記録事項の入力をその業務の処理に係る通常の期間を経過した後、速やかに行うこと（以下、「業務サイクル後速やかに入力方式」といいます。）。業務サイクル後速やかにとは、通常の業務処理に要する期間（最長２か月）の経過後、速やかに入力（最長２か月と概ね７営業日以内とされ約67日以内）と解釈されています。業務サイクル後速やかに入力方式を採用する場合には、スキャナ保存の手順を定めた事務処理規程を整備し運用することが必要です。

重要な書類以外の書類（一般書類）の入力は、期間的な制約はなく、「適時入力」と呼んでいます。この場合には、入力の作成に当たりあらかじめ入力やデータ保存に係る事務手続に関する規程を備え付け、運用する必要があります。

⑨　電子取引データの保存要件

取引に関し、データにより取引情報を授受する場合には電子取引となり、電帳法第７条で当該電子取引データの保存が義務付けされています。データ保存が必要な対象となる電子取引とは、完成された書類のデータのみではありません。通常やり取りされる取引書類に記載されている事項をデータにより授受する場合には電子取引となりデータ保存が必要になります。電帳法第8条第2項では、電子取引データは国税関係書類以外の書類として他の税法の規定が適用されることが規定されています。例えば、青色申告の承認では、電子取引データの保存も要件となります。

令和3年度の電帳法改正では、電子取引データは出力書面による保存ができなくなりました。令和4年1月1日以後に行われる電子取引については、電帳法の要件に従ったデータ保存が必須となりますので、全ての事業者が対応しなければならないことになります。

社内で行われる電子取引については全て把握し、それぞれのデータについてどのように保存するかについて検討を行います。保存の検討に当たっては、書面書類との一元管理を行う保存方法、電子取引データのみを保存する方法など重要度に応じた保存方法を検討します。

業務処理が伴う電子取引データについては、授受される電子取引データが活用可能なDX化を目指すことも検討課題となります。業務の電子化の目的を明確にし、システムの導入、データ管理方法などについての検討をしていただきたいと思います

電帳法施行規則第4条第1項では、電子取引データの保存要件について規定されています。以下､電子取引データの保存要件について解説します。

イ　保存場所と保存期間

電子取引データは各税法で定められた保存すべき場所において保存すべき期間保存することが必要です。法人税法では、保存期間として原則7年間保存[4]することが規定されています。保存データは、納税地において、当該データをディスプレイやプリンタに整然とした形式で明瞭な状態で出力することができれば要件を満たすこととなり、クラウドサーバ上での保

4　青色申告法人の場合、繰越欠損金が生じた事業年度は10年間の保存が必要です。保存期間の起算は事業年度終了の日の翌日から2か月を経過した日から行います。

存も可能となりますが、税務調査等において提示や提出をすることができなければ保存されていることにはなりません。自社サーバで保存する場合には、サーバ等の保守管理の徹底、クラウドサービスを利用する場合などでは、サービス提供事業者との契約条項などを確認し、サービス終了時のデータ返却方法等の検討もしておくことが必要です。

ロ 真実性の確保要件（措置要件）

電子取引データの真正性を担保するため、電子取引データの授受方法等に応じて、以下のいずれかの措置を行った上でデータを保存する必要があります。

㋑ タイムスタンプ付与データの授受

送信者側においてタイムスタンプが付与された取引データを授受する措置です。この場合、送信者側及び受信者側においてタイムスタンプの検証及び一括検証機能[5]が必要となります。

㋺ 電子取引データの授受後タイムスタンプを付与

送信者側又は受信者側において、当該電子取引データの授受後、業務処理サイクル後速やかに（約67日以内）にタイムスタンプを付与する措置[6]となります。この措置要件で対応する場合は、タイムスタンプの検証及び一括検証機能が必要となります。

㋩ 訂正削除履歴が残るシステムを使用して電子取引データを授受及び保存

電子取引データを訂正及び削除ができないシステム、又は電子取引データを訂正及び削除した場合の事実及び内容を確認することができるシステムで授受及び保存する措置です。電子取引データを授受した場合の訂正や削除データがすべて保存されるEDIシステムやクラウドシステムなどが該

---

5 一括検証機能とは、課税期間中に付与したタイムスタンプについて一括して検証を行う機能をいいます。

6 ㋺の措置においては、令和５年度の改正により、令和６年１月１日以後の電子取引データについては保存担当者等の情報を確認することが廃止されています。

当します。

㊁　正当な理由がない訂正及び削除の防止に関する事務処理規程の備付け及び運用

電子取引データを適正に保存する社内体制を構築する措置となります。訂正や削除を行う場合の正当な理由を定め、保存すべき電子取引データが適正に保存されるように事務処理規程を定め、当該規程に沿った運用を行うことが必要となります。上記㋑から㋩のいずれかの措置で対応できない場合には、社内規程の整備により電子取引データを保存することになりますが、電子取引データの保存に係る社内ルールを策定する上では、たとえ㋑から㋩の措置を行っていたとしても社内規程の整備は必要と思われます。

ハ　関係書類の備付け

電子取引データの授受システムなどのシステムの概要書やデータを出力や検索するための操作マニュアルなどを備え付けておくことが必要です。

ニ　見読可能性の確保

保存期間中、電子取引データをPC、プリンタに整然とした形式で明瞭な状態で出力できることが必要です。

特に、EDIデータなどの保存に当たっては、EDIのフォーマットデータで保存しただけでは記載内容が見読することができないため、データ項目やマスター参照が必要な場合には、マスターデータの保存も必要となります。

ホ　検索機能の確保

電子取引データの検索項目は「取引年月日その他の日付」、「取引金額」、「取引先名称」の３項目を条件設定項目とし、日付や金額は範囲指定及び２以上の項目を組み合わせた条件設定が要件となります。速やかに検索結果のみを整然とした形式で明瞭に表示されることも要件です。

なお、日付や金額の範囲指定や複合条件設定ができない場合には、検索項目を別途Excel等で索引簿により作成し、当該索引簿による検索結果から保存データをファイルサーバ等からダウンロードすることにより代替することもできます。

また、判定期間（個人事業主の場合は前々年、法人の場合は前々事業年度）において、売上高が５千万円以下[7]である保存義務者は電子取引データのダウンロードで、税務調査の際にデータのダウンロードの求め（税務職員への提示等）に対応することができる場合には検索要件は不要とされています。

企業の電子化の検討においては、データで保存することとする取引書類の重要性を鑑み、書面で授受される取引書類の電子化とデータで授受される取引書類を別々に保存するのではなく、すべての取引書類についてデータで一元管理がされるように検討すべきです。

令和３年度の改正では、電子取引データを書面に出力して保存することができなくなりましたが、令和４年度の改正では経過措置により令和５年

図表：電子取引データの保存要件（令５大綱）

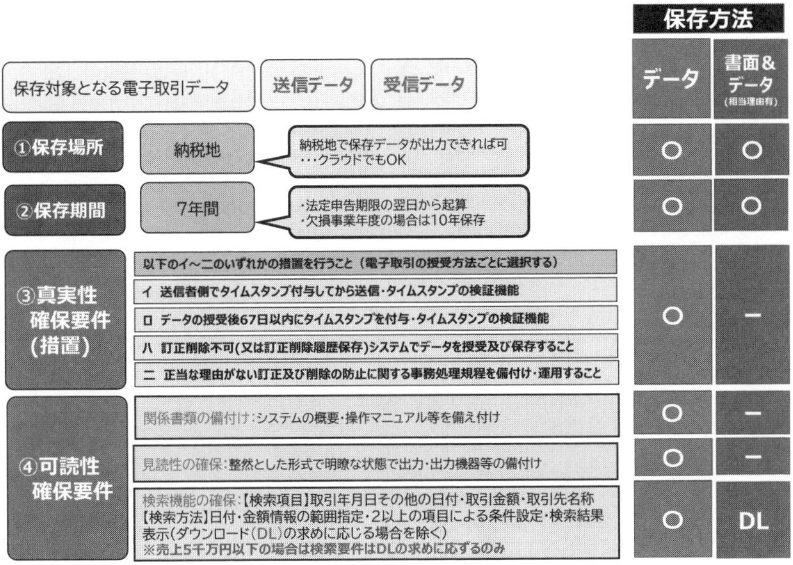
保存方法
保存対象となる電子取引データ
送信データ
受信データ
データ
書面＆データ
(相当理由有)
①保存場所
納税地
納税地で保存データが出力できれば可
・・・クラウドでもOK
②保存期間
7年間
・法定申告期限の翌日から起算
・欠損事業年度の場合は10年保存
③真実性確保要件(措置)
以下のイ～ニのいずれかの措置を行うこと（電子取引の授受方法ごとに選択する）
イ 送信者側でタイムスタンプ付与してから送信・タイムスタンプの検証機能
ロ データの授受後67日以内にタイムスタンプを付与・タイムスタンプの検証機能
ハ 訂正削除不可(又は訂正削除履歴保存)システムでデータを授受及び保存すること
ニ 正当な理由がない訂正及び削除の防止に関する事務処理規程を備付け・運用すること
④可読性確保要件
関係書類の備付け:システムの概要・操作マニュアル等を備え付け
見読性の確保:整然とした形式で明瞭な状態で出力・出力機器等の備付け
検索機能の確保:【検索項目】取引年月日その他の日付・取引金額・取引先名称
【検索方法】日付・金額情報の範囲指定・2以上の項目による条件設定・検索結果表示(ダウンロード(DL)の求めに応じる場合を除く)
※売上5千万円以下の場合は検索要件はDLの求めに応ずるのみ
○
－
DL

7　令和５年度の改正により、令和６年１月１日以降に電子取引データを保存する場合の検索機能の確保要件が免除される事業者の範囲が１千万円以下から５千万円以下に拡大されています。

12月31日まではこの規定が宥恕されています。令和６年１月１日以降の電子取引データについては、新たな猶予措置として、当面の間は相当な理由がある場合に電子取引データの出力書面による保存が可能ですが、当該電子取引データについては、調査官の求めに応じて提示又は提出をすることが必要となります。

システム対応や法令対応が間に合わない場合、当面の間は出力書面による保存を行いつつ、当該電子取引データも保存しておくことで対応できますが、電子取引データを保存する手間が増えてしまうことになります。電子取引データをデータで保存することとしたのは、すべての納税者の電子化を適正に促進することが目的ですし、今後の企業の電子化の検討では、電子取引によりDX化を目指すことが必要です。将来の電子取引をどのように行っていくのかをしっかりと腰を据えて検討していただきたいと思います。

5 インボイス制度対応のシステム選定

令和５年10月から開始される消費税インボイス制度は、ほとんどの事業者が対応をしなくてはなりません。これまで述べてきましたように、このインボイス制度は企業の電子化を行うには非常にいい機会と言えるでしょう。なぜならデジタル化の機運はこれまで以上に高まり、様々なクラウドサービスが出現、デジタル化を行う技術やデータ活用が可能なシステムも多数出回るようになっています。さらにこれまで書面で授受することが多かった取引書類もコロナ禍への対応などにより、データで作成や授受することが一般的になりつつあり非常に環境が整っています。

本書ではこれまでインボイス制度への対応、電帳法への対応などを解説してきましたが、システムによりどのようなことができるのか、業務のDX化にはどのようなシステムを導入すべきなのか、これまでも多くの企業からの問い合わせがありました。

そこで本章では、ベンダ（システム提供事業者）が、インボイス制度や電帳法にどのように対応しているかについて、ベンダのご担当者の協力により解説していきたいと思います。

ご紹介するシステムの態様

１．会計システム
会社名：スーパーストリーム株式会社
製品名：SuperStream-NX

２．経費精算システム
会社名：パナソニック ネットソリューションズ株式会社
製品名：MAJOR FLOW Z CLOUD 経費精算

3．文書管理システム
会社名：JFEシステムズ株式会社
製品名：Data Delivery

4．クラウドシステム
会社名：株式会社インフォマート
製品名：BtoB プラットフォーム 請求書

1　会計システムのインボイス制度対応

インボイス制度において会計システムがインボイス制度に対応していなければ、当然対応をすることができません。販売されている会計ソフトウェアや会計システムは少なからず対応することになるでしょう。会計システムが経理業務のデジタル化にどの程度対応できているかがポイントになります。自社で使用している会計システムやこれから新たな会計システムを導入するような場合に参考にしていただければと思います。

①　会計システムの選定のポイント（電帳法の法令要件対応での観点）

イ　JIIMA認証（電子帳簿ソフト認証）を取得している

JIIMA認証（電子帳簿ソフト認証）は、電帳法で規定されている優良電子帳簿の要件を満たしたシステムとなります。

ロ　証憑保存機能があり電帳法法令対応されている（スキャナ保存対応）

JIIMA認証（スキャナ保存ソフト認証）がされていれば電帳法第４条第３項の国税関係書類のスキャナ保存に対応しています。スキャナ保存に対応している製品であれば、電帳法第４条第２項の国税関係書類のデータ保存や電帳法第７条の電子取引データの保存の法令要件にも対応しているといえます。

ハ　ワークフロー機能がついている（伝票承認・画像添付機能あり）

請求書や領収書などの画像データがワークフローに添付でき、伝票承認はデータにより行えれば、経理業務のデジタル化が可能になります。

②　会計システムの選定のポイント（消費税インボイス制度対応での観点）

イ　割戻し計算及び帳簿積上げ計算対応

会計仕訳において消費税の売上税額や仕入税額について、税込入力、税込処理、又は税込入力、積上げ処理のどちらかを選択することになります。

特に積上げ計算方式を採用する場合には、消費税を入力するのではなく税込金額から割戻す方式（帳簿積上げ）のほうが入力の手間がかかりません。

ロ　登録番号の登録確認業務

適格請求書を発行している事業者が登録されている事業者かどうかをシステムにより自動確認する機能があれば、適切な仕入税額処理が可能になります。また、免税事業者の場合には経過措置に対応する仕入税額処理を適切に行うことが可能となります。

ハ　適格請求書ごとの伝票作成と適格請求書の保存

適格請求書の会計システムへの入力は原則として一枚ずつ入力して仕入税額処理を行います。仕入税額控除を行うには適格請求書の保存が必要です。システムへは仕訳情報の入力だけではなく、証憑保存ができるように電帳法の法令対応がされている製品を利用することで保存業務の効率化や適正化が図れます。

③　システムの紹介

会計システムを紹介いただくのは、スーパーストリーム株式会社の上野弥生様[1]、畠山明子様[2]です。以下、製品の内容について説明します。

【会社概要】

スーパーストリームは、メインフレーム対応の一般会計システムGLを1986年に販売開始して以降、一貫して会計・人事給与に特化したソフトウェアを提供しています。

企業の会計・人事システムのリーディングカンパニーとして、お客様に最適な経営基盤ソリューションをご提供しています。

会社名	スーパーストリーム株式会社
設立	1986年12月
本社所在地	東京都品川区東品川2-4-11
西日本事業所	大阪府大阪市西区土佐堀2-2-4

1　上野弥生　マーケティング部企画課シニアマネージャー。SuperStream-NXの商品企画に従事

2　畠山明子　マーケティング部営業支援課。SuperStream-NXの提案活動に従事

代　表　者	代表取締役社長　村松　昇
U　R　L	コーポレートサイトhttps://www.superstream.co.jp ユーザ会会員専用サイトhttps://www.superstream.jp
事業内容	・ソフトウェア・パッケージの企画・開発・販売 ・販売製品のトレーニング及びサポート ・システム導入のコンサルティング
取扱製品	・経営基盤ソリューション　SuperStream（財務会計・人事給与）

【製品概要】

製品名：SuperStream-NX

特　徴：SuperStream-NXは、会計／人事分野に特化した国産の基幹業務パッケージソフトウェアです。製品は主に「会計ソリューション」「人事給与ソリューション」「オプションツール」の３つに分類され、経理・人事業務の最適化を実現します。

導入企業規模：

SuperStreamシリーズの導入実績は10,000社を超え、そのうち上場企業の導入社数は累計800社以上に及びます。主に国内の中堅・大手企業を中心に導入されていますが、関連のグループ会社も含め、様々な企業が利用する製品となります。

業種別の導入実績については下図の通り、様々な業種に導入されています。特定の業種業態に偏ることはなく、どの企業でもご利用いただけ

導入実績（2021年度）

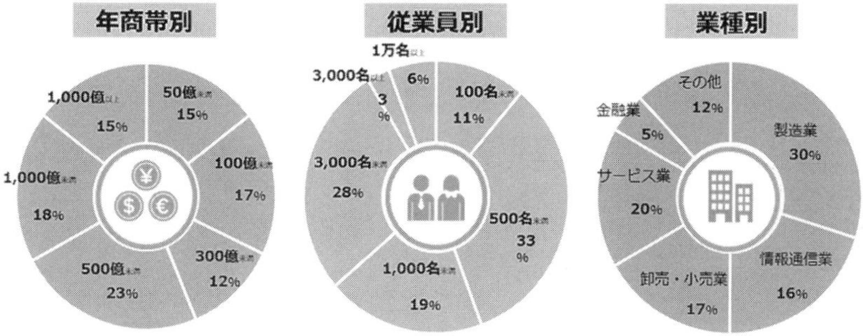

るような汎用的な製品となります。

システム機能：

① 会計ソリューション

支払管理や債権管理を含めたあらゆる会計データを一元管理し、財務会計のみならず企業独自の管理会計機能が充実した統合会計を中心に、リース資産も含めた固定資産管理や建設仮勘定管理、手形現物管理を可能にする手形管理、電子記録債権・債務管理、ファクタリング機能などを提供。また、改正電子帳簿保存法に対応した証憑管理など、経理業務に求められる機能を包括します。

② 人事給与ソリューション

従業員のスキル情報管理を実現する人事管理を中心に、複雑な給与体系にも柔軟に適応可能な給与管理機能を提供。また、多様な勤務形態に対応し、36協定の遵守に役立つ機能が装備された勤怠管理、時間や場所を選ぶことなく人事に関連した申請や照会が可能になる人事諸届・照会機能で人事業務全体を支援します。

③ オプションツール

企業の様々なデータを集約・可視化する経営分析ツールや、システム間の連携をノンプログラミング・低コストで実現するシステム連携ツール、請求書入力を自動化するAI-OCR、銀行や取引先情報をボタン１つで取得

※「経営分析ソリューション」「システム連携ソリューション」「AIソリューション」「APIサービス」はオプションツールとなります。

できるAPIサービス等を提供。会計や人事給与ソリューションと組み合わせて利用できます。

そのうち、消費税インボイスや適格請求書については「会計ソリューション」で対応しています。

「会計ソリューション」のうち「統合会計」では、一般会計・管理会計・支払管理・債権管理・経費精算に関わる機能を提供しており、伝票の条件検索や訂正・削除履歴確認等の電子帳簿保存法の要件に必要な機能を有し、元帳や貸借対照表、損益計算書等の会計帳簿の電子保管が可能です。

また、ワークフロー承認機能が搭載されており、不正防止や適切な証跡管理が行えます。

各種伝票ではデータ入力だけでなく、請求書や領収書等の証憑書類を添付して伝票登録、電子保管することも可能で、スキャナ保存制度や電子取引保存の基盤を確立します。

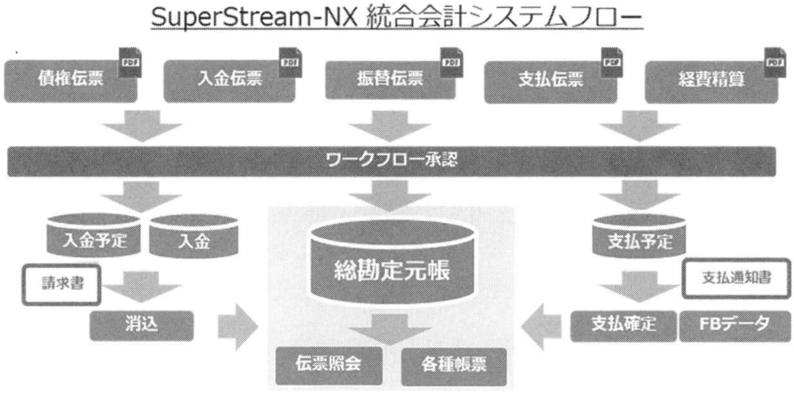

【システムの特性】

1．Best of Breed型で導入できるERPパッケージ

企業全体の経営資源を管理するERPパッケージには主に「オールインワン型[3]」「Best of Breed型[4]」の２つの型がありますが、SuperStream-NXはBest of Breed型となります。

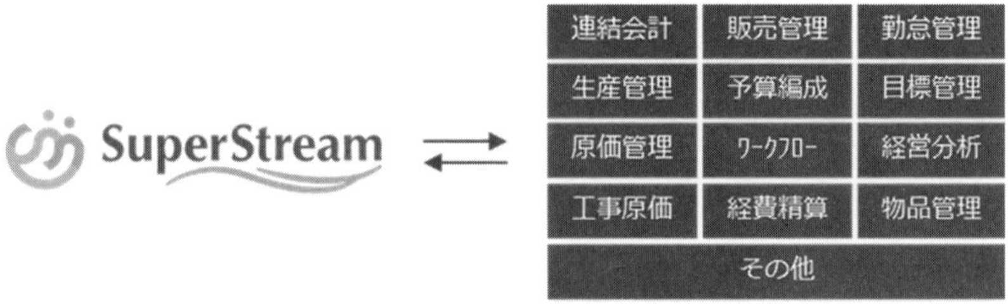

2．オンプレミス型とクラウド型の両方に対応

SuperStream-NXは「オンプレミス型」と「クラウド型」の両方に対応しています。

オンプレミス型の場合、標準機能ではカバーしきれない追加開発によるアドオン／カスタマイズにも容易に対応が可能です。

特に、SuperStream-NXではデータベース構造を公開している製品のため、ユーザーが直接テーブルを参照することも制限なく行えます。

クラウド型の場合、IaaS/PaaS以外にも、SuperStream-NX Cloud[5]に代表されるようなSaaS基盤での運用も可能です。サーバー保守・メンテナンスはベンダ側が実施し、サービスとしてシステムを利用できるだけでなく、インターネット接続でも利用できることから、テレワークなどの柔軟

3　オールインワン型とは、販売管理や購買管理、生産管理、財務会計、人事給与等の各業務システムが密結合し、一元管理しながら運用できるシステムのこと

4　販売管理や購買管理、生産管理、財務会計、人事給与等の各業務システムが疎結合し、システム間でデータ連携・共有を行いながら運用できるシステムのこと

5　SuperStream-NX Cloudとは、スーパーストリーム株式会社が提供するSaaS形態のクラウドサービス（クラウドサービスの提供方法は各ベンダにより異なる）

な働き方にも対応します。

また、クラウド利用での懸念点としてよく挙げられる、「利用できる機能が限定される」課題については、個社ごとに環境が異なるシングルテナント方式（Private Cloud）によるSaaS運用により、オンプレミス型と同一機能を利用することが可能です。

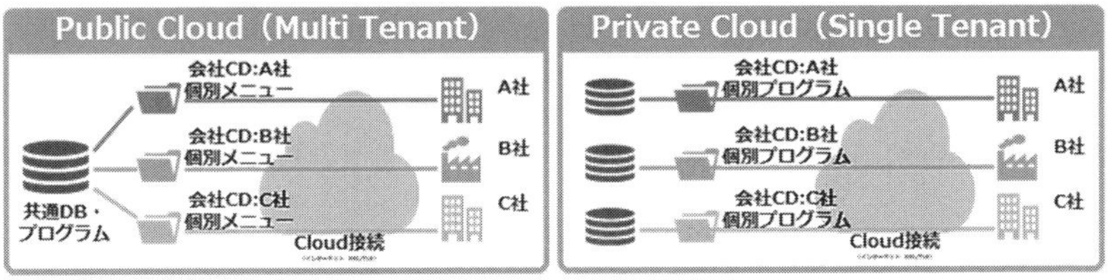

３．１つの製品シリーズを長期利用可能

1995年に販売を開始した『SuperStream』は、時代の変化とともにGL、CORE、NXと３シリーズにわたり製品を提供してきました。GLシリーズは８年間、COREシリーズは21年間サポートを実施し、現在のNXシリーズは14年目を迎える製品です（2023年１月時点）。メーカーによっては、数年単位で新製品をリリースし、旧製品から新製品への移行を促すことで安定した収益を獲得するビジネスモデルを確立する企業もありますが、その点『SuperStream』は、１つの製品シリーズを長期利用できる製品寿命の長いパッケージであると言えます。

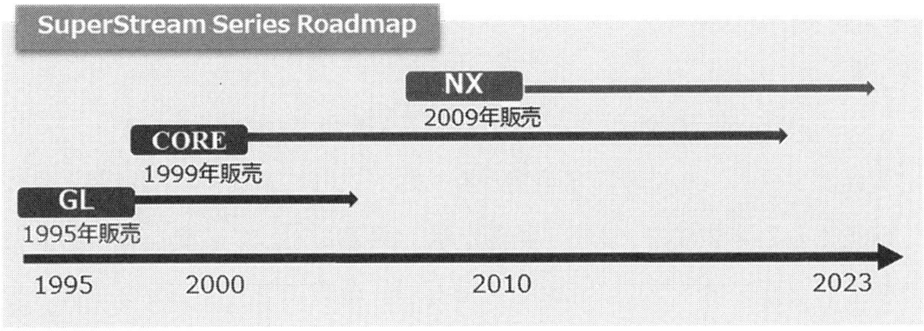

【製品の法令対応】

会計、人事給与システムは会社法や労働基準法などの法制度に則って開発されているため、法改正が発生した場合は都度ソフトウェアを改修し、制度に追随する必要があります。SuperStream-NXもこれらの法改正には都度対応し、ユーザー様に事前にプログラムを提供できる体制を整えています。

また、スーパーストリーム社の法改正対応の特長として、すべて「標準保守」として提供することが挙げられます。つまり、新機能追加や不具合修正と同様に、年に一度の定期バージョンアップや都度対応プログラム（パッチ）の適用で対応するため、法改正プログラム自体に追加費用は発生しません。これは製品をリリースして以降、現在まで一貫していることでもあります。

SuperStream 会計シリーズ

国際会計基準とのコンバージェンス

1999年11月	税効果会計対応
1999年11月	キャッシュフロー計算書対応
2000年 2月	退職給付会計対応
2000年 7月	有価証券時価会計対応
2004年 8月	減損会計対応
2007年 5月	減価償却制度改正対応
2008年 1月	リースオンバランス対応
2010年 2月	資産除去債務対応
2010年 8月	包括利益対応
2011年 1月	過年度遡及仕訳対応
2012年 6月	IFRS複数帳簿
2019年10月	IFRS16号対応（リース）
2020年 8月	新収益認識基準対応

金融商品取引（J-SOX）

2007年 3月	文書化支援ドキュメント提供
2007年 7月	ログ管理機能の強化
2008年 7月	パスワード管理機能の強化

その他法改正

2001年 8月	四半期決算対応
2006年 5月	新会社法対応
2013年12月	消費税税率変更対応
2014年12月	消費税軽減税率対応
2015年 8月	マイナンバー制度対応
2017年 1月	e文書法対応
2019年 4月	新元号対応
2019年10月	消費税税率変更対応
2022年 6月	電子帳簿保存法（令和3年税制改正）対応
2022年 6月	インボイス制度対応

SuperStream 人給シリーズ

2004年 3月	マイカー通勤手当非課税限度額改正対応
2007年 3月	健康保険制度改正対応
2008年 2月	医療保険制度改正対応
2010年 2月	改正労働基準法対応
2011年 1月	源泉所得税改正対応
2012年12月	給与所得控除の見直し対応
2012年12月	復興特別所得税対応
2014年 3月	産前産後休業保険料免除制度対応
2015年 8月	マイナンバー制度対応
2016年 6月	通勤交通費非課税限度額の条件引上げ対応
2019年 4月	新元号対応
2020年 5月	雇用保険制度変更対応
2021年 8月	社会保険電子申請対応
2022年 6月	インボイス制度対応

※年末調整や社会保険等の改正には、随時対応しております

【電子帳簿保存法対応】

帳　簿：

SuperStream-NX統合会計（以下、「NX統合会計」といいます。）は、製品リリース当初より電子帳簿保存法に対応しています。2022年１月に改正された電帳法上では、「優良な電子帳簿」として必要なシステム要件を満たしております。令和３年度電帳法改正により、必要な手続きを行うことで、申告漏れがあった際に加算される過少申告加算税が５％軽減されます。

また、JIIMAの電子帳簿ソフト法的要件認証（作成と保存）を取得し

ています。

NX統合会計の仕訳伝票には、電子帳簿への記載が必要とされる主要な記録項目を含んでいます。システムで提供しているそれぞれの帳簿（仕訳帳、総勘定元帳、その他帳簿類）は、一元管理されている仕訳伝票より、帳簿に応じた記録項目を記載しています。記載内容は、帳簿毎に画面あるいはPDF形式等で出力し速やかに確認することができ、画面上では帳簿から仕訳伝票へのデータ追跡が可能です。保存データには、保管年数等の制限を設けておりませんので、複数会計期分の伝票をまとめて検索することもできます。

NX統合会計では帳簿として利用する保存帳票で記録・集計するために最終承認された（転記済みの）伝票に対して変更履歴を記録しています。このとき最終承認された仕訳伝票は直接訂正・削除することができ、その履歴も自動的に記録されます。また、赤伝票（反対仕訳）による削除及び黒伝票（差替仕訳）による訂正も可能です。赤伝票、黒伝票には、それぞれ訂正元の伝票情報が自動設定されます。

また、仕訳伝票の訂正・削除の履歴だけでなく、有効期間の設定によって、主要マスタの名称変更履歴を管理することもできます。それにより、各種の伝票入力及び帳簿出力の際には、伝票日付の時点で有効な名称を表示します。

書類（自社発行の控え）：書面発行・電子取引

自社が発行する取引関係書類の写しについて、NX統合会計の債権管理機能で発行する「請求書」、支払管理機能で発行する「支払通知書」が関連します。これらの書類は、PDFファイルの出力の他、メール送信に対応しています。

メールに添付して送信した場合は電子取引に該当します。メール送信機能においては、送信時にタイムスタンプを発行した上で、送信することが可能です。

紙に印刷し発送した場合でも、発行した書類控えデータの保存ができます。

書類（取引先から書面で受領）：スキャナ保存・電子取引

取引関係書類を書類（紙）で受領した場合は、スキャナ保存に該当します。NX統合会計では、紙で受領した請求書、領収書といった書類について、PDFファイルに変換したデータを会計システム内で管理することが可能です。

スキャナ保存の要件の一つである証憑と仕訳情報の関連付け方法は、伝票が一意（ユニーク）になるQRコード付きの台紙と紙の証憑を複合機などでスキャンすることで、自動的に仕訳伝票と証憑が紐づき、会計システムに登録されます。QRの台紙単位で、PDFファイルを自動分割し仕訳伝票に紐づけが行われますので、大量の証憑を電子化して添付する業務を効率的に行うことができます。その他の方法として、仕訳入力時に証憑を添付する、証憑データを外部から取り込む、といった方法で添付ができます。テレワーク主体のお客様では、このような入力時の添付や、外部から証憑を取り込むといった使い方を選択されるケースが増えています。

また、入力作業の効率化として、AI-OCR機能を備えています。PDF化した請求書を読み込ませることで、AIが伝票に必要な情報を推論し、そのまま支払伝票作成と証憑登録を自動化することができます。この機能では、勘定科目の知識がないユーザーでも証憑の読み込むだけで伝票の作成が可能であるため、請求書を受領した部門等で、そのまま伝票の作成ができるというメリットもあります。

NX統合会計では、従業員の経費精算機能も備えています。

紙で受領した領収書をスマートフォンで撮影することで、経費精算伝票に領収書を紐づけて管理することができます。また、撮影時のOCR機能により、取引先名や金額、品目などを自動的に経費精算伝票に反映し、スマートフォンでの文字入力の手間と入力ミスを削減することができます。

証憑管理 e 文書オプションと組み合わせて利用いただくことにより、真実性の要件として求められる、タイムスタンプ付与や、訂正・削除の履歴を管理することができます。製品としてはいずれの措置にも対応しておりますが、クラウドサービスではなくオンプレミスでSuperStream-NXを利用される場合には、タイムスタンプ付与による措置をご選択ください。

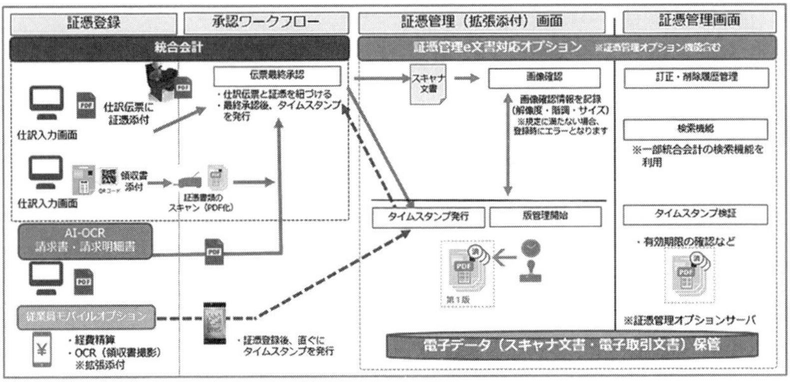

電子取引：

メールや各種クラウドサービスから請求書や領収書をダウンロードした場合は、電子取引に該当します。スキャナ保存と同様に、証憑管理 e 文書対応オプションを合わせてご利用いただくことにより、システムに登録した証憑について、訂正・削除の履歴を管理することやタイムスタンプを付すことができます。

電子データの受取からSuperStream-NXに証憑登録する間に手作業（手動で添付する）が介在する場合には、改ざんの余地があるとみなされます。その為、手作業が介在する場合には、タイムスタンプを付す措置か、改ざんを行わない旨を記載した事務処理規程を整備・運用する措置での対応が必要です。何れの措置で運用されるかご検討ください。

電子取引文書は、PDFの他、tif、jpg、doc、docx、xls、xlsx、ppt、pptx、csv、txt、xmlに対応しています。

電子取引においても、AI-OCRを活用することにより、支払伝票の作成及び証憑の添付を効率的に行うことができます。

なお、全社的な文書管理システムを検討のお客様には、SuperStream-NXのファミリー製品（通称SAF）での対応が可能です。

文書管理システムとして９製品のラインナップがあります（令和５年１月現在）。ご興味があるお客様は、以下のサイトよりご確認ください。

https://www.superstream.co.jp/alliance

NX統合会計と証憑管理e文書対応オプションを組み合わせて利用頂くことで、スキャナ保存、電子取引保存のいずれにも対応可能です。

【消費税インボイス制度対応】

インボイス制度は、令和５年10月に施行される新しい仕入税額控除の仕組みです。所要事項が記載された帳簿と、適格請求書の保存が必要になります。

SuperStream-NXは、ユーザー様における外部システムとの連携や運用への影響などを、制度施行まで余裕をもって検討いただける様、令和４年６月にいち早く対応版をリリース致しました。

インボイス制度のシステム対応のポイント

☑ 適格請求書を基にした会計データの入力に対応

・請求書をはじめ、納品書、領収書等に対応

・適格請求書に記載されている消費税額の自動計算

・請求書単体の処理だけでなく締め処理にも対応

・免税事業者の経過措置に対応した仕入税額控除計算に対応

☑ 仕訳伝票と適格請求書を紐づけて管理可能

・受領した適格請求書は、仕訳伝票と紐付けて保存が可能

☑ 必要事項を記載した適格請求書の発行に対応

・請求書（締め日単位）、請求書（伝票単位）、支払通知書（締め日単位）、支払通知書（伝票単位）を適格請求書として利用が可能

・メール送信機能で送付した適格請求書PDFの保存・検索が可能

☑ 適格請求書発行事業者の登録情報確認を自動化

・国税庁の適格請求書公表システムと連携し、有効性をチェック

Point☑ 適格請求書ごとの仕入税額処理

インボイス制度の下では、１枚の適格請求書について税率毎に１回の端数処理が認められています。NX統合会計では伝票明細毎に消費税額を算出、保持していますが、インボイス制度の施行日以降、それとは別に適格請求書に記載されている消費税情報を保持できます。

伝票明細毎に算出した消費税額合計と、税率毎に算出した消費税額とで端数処理による差異が生じた場合、税率毎に算出した消費税額を正として、伝票明細の消費税額を自動調整する事ができます。

Point☑ 仕入税額への対応（適格請求書の受領）

受領する取引書類の内、何をインボイスとするかは、取引先や取引の内容に応じて変わる事が想定されます。NX統合会計では、書類の種類に応じた伝票の入力及び取込画面が用意されています。

受領する「請求書」又は「領収書」を適格請求書とする場合、各種伝票入力やそのデータ取込時に適格請求書記載の消費税額を入力又は算出できます。

受領する単一の「納品書」を適格請求書とする場合、債務計上伝票入力やそのデータ取込時に適格請求書記載の消費税額を入力又は算出します。

図表：対応する書類と処理機能

基づく書類	適格請求書（仕入税額記載書類）	NX統合会計の処理機能・画面
請求書	請求書	支払伝票入力
領収書	領収書	経費・仮払精算入力
		仕訳入力
		入出金伝票入力
納品書	納品書	債務計上入力
	合計請求書	債務締次残高更新

複数の納品を締日でまとめた、「合計請求書」を適格請求書とする場合、債務締次残高更新機能で消費税額を自動算出します。

Point☑ 消費税の仕訳処理対応

インボイス制度では、仕入税額の計算方法は「積上げ計算」が原則、「割戻し計算」が特例とされています。積上げ計算では、請求書積上げ計算のほか、帳簿積上げ計算も認められます。

NX統合会計では、システム区分という項目で、伝票種類を管理しています。

そのシステム区分単位に、「請求書積上げ計算」とするか、「帳簿積上げ計算」とするか、を選択可能です。例えば、NX統合会計から手入力する伝票は、帳簿積上げ計算を指定する事で、伝票の税込金額合計から消費税額を自動算出します。他システムで作成された伝票を取込む場合は、「請求書積上げ計算」とすれば、そちらで計算された消費税額を利用した処理が可能です。なお、割戻し計算については、新設される「インボイス消費税帳票」を利用することで、その帳票出力時点で割戻し計算が可能です。このように、お客様の運用を踏まえた選択が可能となっています。

Point☑ 免税事業者等に係る税率管理

免税事業者との取引においては、経過措置に応じた消費税額の計算が可能です。

消費税の税率等を設定するマスタに、「税処理マスタ」があります。この税処理マスタで経過措置の期間毎に控除割合を設定することで、伝票日付で控除割合を自動判断し計算させる仕組みです。この機能により、起票者による判断が不要となります。

図表：税処理マスタのイメージ

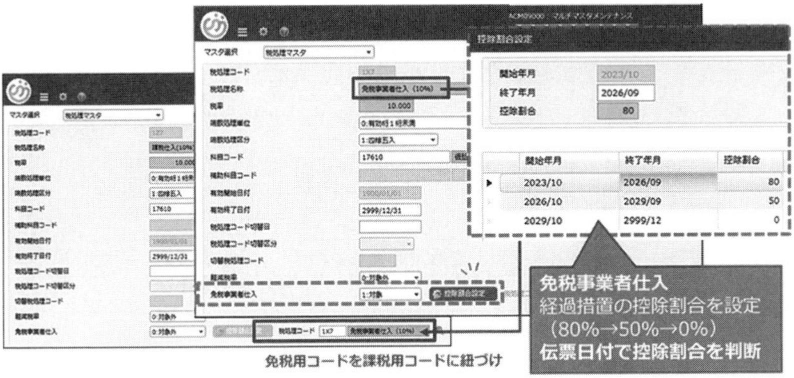
免税事業者仕入
経過措置の控除割合を設定
（80%→50%→0%）
伝票日付で控除割合を判断
免税用コードを課税用コードに紐づけ

Point☑ 仕入れ明細書対応

仕入明細を適格請求書として利用される場合、適格請求書としての要件を満たした、「支払通知書（締め日単位）」、「支払通知書（伝票単位）」が出力できます。

支払通知書を適格請求書として利用するかは、取引先毎にマスタで設定します。

支払通知書は、紙（PDF）に印刷する以外、メールでの自動配信に対応しています。

メールで配信した支払通知書は、タイムスタンプを付した状態で送信できる為、「電子取引」の要件を満たした運用が可能です。また、送信後のデータは履歴管理されます。

Point☑ 売上税額への対応（適格請求書の発行）

仕入税額と同様に書類の種類に応じた入力・処理画面が用意されています。

請求書（伝票単位）を適格請求書とする場合、債権伝票入力時に適格請求書記載の消費税額（以下、「消費税額」といいます。）を入力又は算出します。

複数の請求を締日でまとめた合計請求書を適格請求書とする場合、請求書・取引内訳書出力時に消費税額を算出します。

単一の納品書（※NX統合会計システム外）を適格請求書とする場合、債権計上入力時に消費税額を入力又は算出します。

複数の納品を締日でまとめた合計請求書（締処理）を適格請求書とする場合、債権締次残高更新で消費税額を算出します。

図表：対応する書類と処理機能

基づく書類	適格請求書（売上税額記載書類）	処理機能・画面
請求書	請求書（伝票単位）	債権伝票入力
	合計請求書	請求書・取引内訳書
納品書	納品書（※システム外）	債権計上入力
	合計請求書（締処理）	債権締次残高更新

図表：外部システムに登録した複数の取引について、「納品書」を基に請求書を発行する例

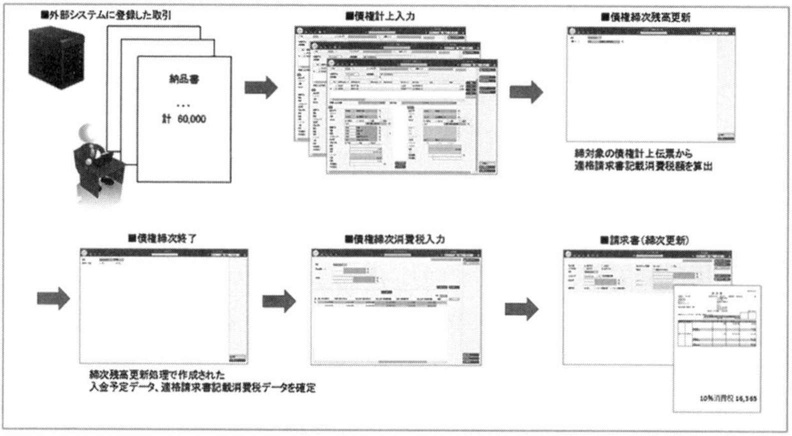

適格請求書として、取引先との取り決めに応じて、請求書（締め日単位）、請求書・取引内訳書、請求書（伝票単位）の3パターンの請求書が発行可能です。また、外部システムで請求書を発行し、NX統合会計では入金消込のみ実施するケース、あるいはこれまで通りの区分記載請求書を発行するケースにも対応可能です。

適格請求書を出力

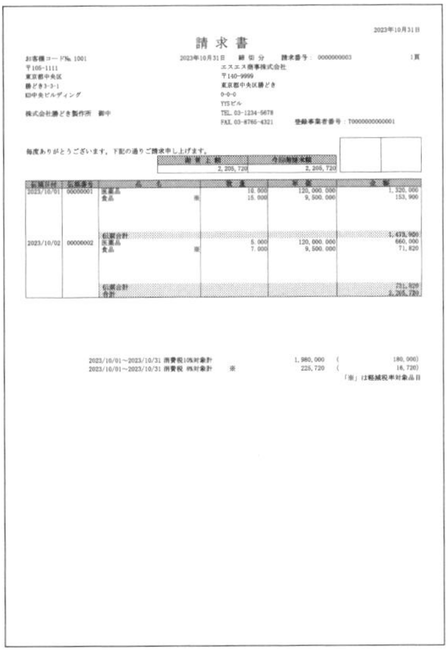
2023年10月31日

請 求 書

お客様コードNo. 1001　　2023年10月31日　締 切 分　請求番号：0000000003　1頁

〒105-1111
東京都中央区
勝どき3-3-1
KD中央ビルディング

株式会社勝どき製作所　御中

エスエス商事株式会社
〒140-9999
東京都中央区勝どき
0-0-0
YYSビル
TEL. 03-1234-5678
FAX. 03-8765-4321　登録事業者番号：T0000000000001

毎度ありがとうございます。下記の通りご請求申し上げます。

御買上額	今回御請求額
2,205,720	2,205,720

伝票日付	伝票番号	品名		数量	単価	金額
2023/10/01	00000001	医薬品		10.000	120,000.000	1,320,000
		食品	※	15.000	9,500.000	153,900
		伝票合計				1,473,900
2023/10/02	00000002	医薬品		5.000	120,000.000	660,000
		食品	※	7.000	9,500.000	71,820
		伝票合計				731,820
		合計				2,205,720

2023/10/01～2023/10/31 消費税10%対象計　1,980,000（180,000）
2023/10/01～2023/10/31 消費税 8%対象計　※　225,720（16,720）
「※」は軽減税率対象品目

区分記載請求書を出力

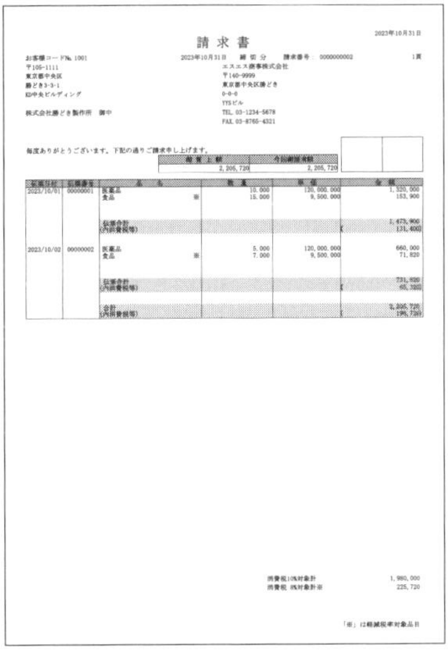
2023年10月31日

請 求 書

お客様コードNo. 1001　　2023年10月31日　締 切 分　請求番号：0000000002　1頁

〒105-1111
東京都中央区
勝どき3-3-1
KD中央ビルディング

株式会社勝どき製作所　御中

エスエス商事株式会社
〒140-9999
東京都中央区勝どき
0-0-0
YYSビル
TEL. 03-1234-5678
FAX. 03-8765-4321

毎度ありがとうございます。下記の通りご請求申し上げます。

御買上額	今回御請求額
2,205,720	2,205,720

伝票日付	伝票番号	品名		数量	単価	金額
2023/10/01	00000001	医薬品		10.000	120,000.000	1,320,000
		食品	※	15.000	9,500.000	153,900
		伝票合計				1,473,900
		(内消費税等)				(131,400)
2023/10/02	00000002	医薬品		5.000	120,000.000	660,000
		食品	※	7.000	9,500.000	71,820
		伝票合計				731,820
		(内消費税等)				(65,320)
		合計				2,205,720
		(内消費税等)				(196,720)

消費税10%対象計　1,980,000
消費税 8%対象計※　225,720

「※」は軽減税率対象品目

Point☑ 適格請求書発行事業者登録番号の確認

適格請求書が発行できる事業者は、適格請求書発行事業者として登録されている課税事業者です。

NX統合会計では、国税庁の適格請求書発行事業者公表システム（Web-API）と連携する事で、取引先が適格請求書発行事業者として登録されているかの確認が可能です。

図表：適格請求書発行事業者のチェック機能

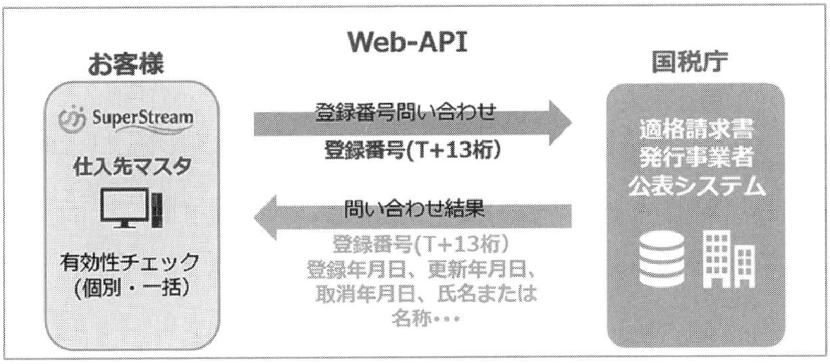

仕入先マスタに登録された取引先名と適格請求書発行事業者登録番号を基に、Web-APIを用いて公表システムに問い合わせし、チェックを行います。

取引先名については、システムに登録された名称と公表システムに登録された名称で表記ゆれが発生する場合を考慮し、法人格を削除しての一致確認などをできるようにしています。

また、AI-OCRを用いた適格請求書の入力においては、請求書に記載された適格請求書発行事業者登録番号を読み取り、入力時点で一致チェックを行う機能を提供予定です。

AI-OCRでは、適格請求書発行事業者登録番号の読み取りの他、適用税率と税率毎の合計金額の読取対応も予定しております。インボイス制度施行後に煩雑化する入力業務を効率的に実施頂くことが可能となる予定です。

電子帳簿保存法、インボイス制度により、経理業務の負担は増加しますが、SuperStream-NXは、経理部門のDX化を様々な機能で支援いたします。

図表：SuperStream-NXによる経理DX化

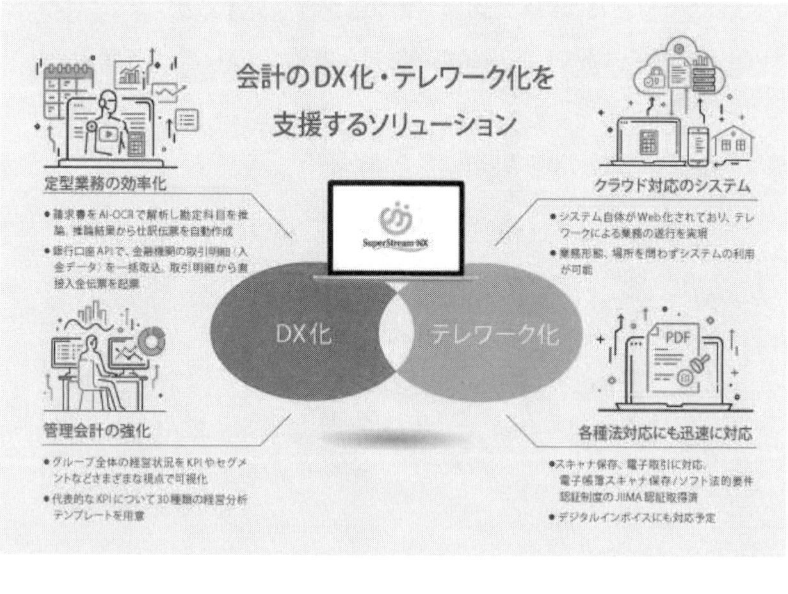

Point☑ デジタルインボイス（JPPINT）対応について

デジタルインボイスは、デジタル庁が、民間の会計・業務システムベンダの団体である「デジタルインボイス推進協議会（EIPA）」と連携して進めている、バックオフィス業務全体をデジタル化する仕組みです。

請求書（インボイス）等を、Peppolと呼ばれる電子文書ネットワークを介してやり取りします。スーパーストリームは、EIPA会員として、この取組みに賛同し、デジタルインボイスに対応した機能を令和5年度から順次リリースしてまいります。

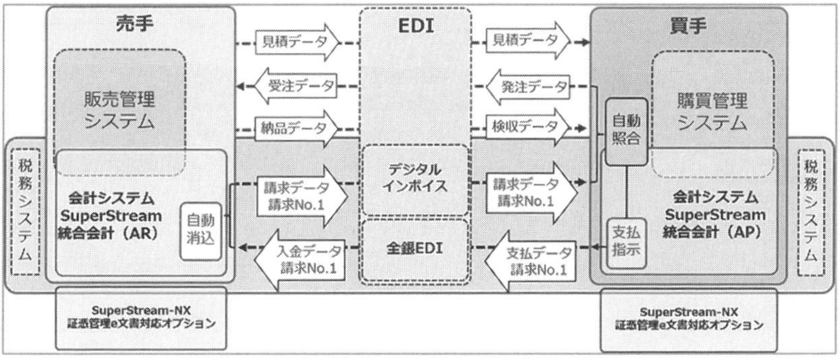

SuperStream-NXは、買手側の処理であるデジタルインボイスの受領、売手側の処理であるデジタルインボイスの発行や消込に関連した機能をご提供します。

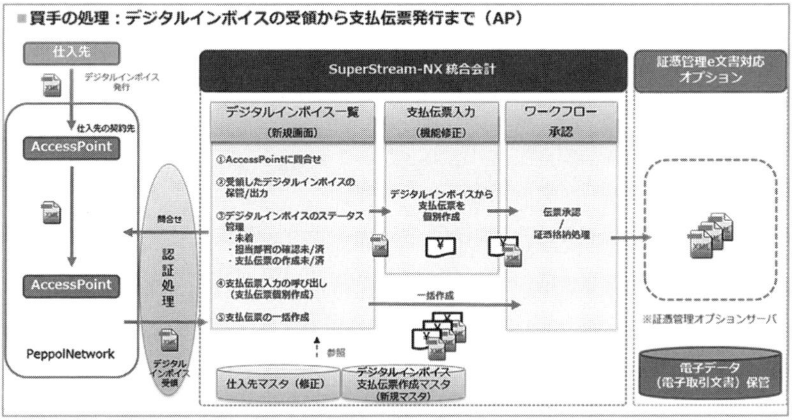

買手側の処理においては、Peppolアクセスポイントを介して、デジタルインボイスの取込を行います。受領したデジタルインボイスのステータス管理や、受領したデジタルインボイスを基にした支払伝票の一括作成に対応します。この機能により、請求書の受取から支払いに係る一連の手作業を大幅に削減できます。

受領したデジタルインボイスは、電子取引データとして、保管可能です。

支払データについては、全銀ネットの金融EDI情報標準となる「DI-ZEDI（ディーアイ　ゼディ）」形式でのデータを作成する機能に対応予定です。

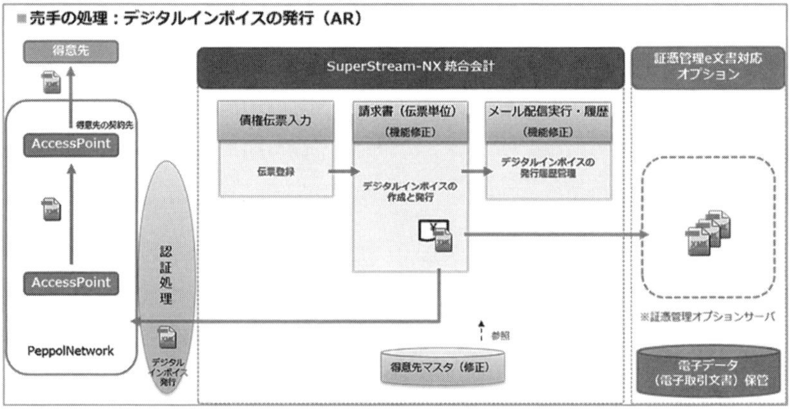

売手側の処理においては、買手側処理と同様に、Peppolアクセスポイントを介して請求書の発行を行い、電子取引データとして保管します。将来的に、DI-ZEDI形式での入金データを受け取ることにより、入金消込の業務が効率化できます。自社で発行したデジタルインボイスの番号が、入金情報側にも保持される事で、番号と金額をキーにした自動消込が可能となります。

デジタルインボイスは、運用が始まったばかりの仕組みですが、今後の普及により経理部門の業務から紙と手作業を排除することが可能になります。

SuperStream-NXは、ユーザーの皆様の業務デジタル化に寄与する機能提供を続けて参ります。

以上、スーパーストリーム株式会社の執筆により解説しました。

2　経費精算システムのインボイス制度対応

経費精算システムは、少額の経費なども処理するシステムで、インボイス制度対応は欠かせません。経費精算システムでしっかりとインボイス制度対応ができていなければ、正しい仕訳情報が会計システムへ連携されず消費税申告もできなくなります。当然販売されている経費精算システムは対応することになるでしょう。経費精算システムの消費税率の区分経理や経費明細の保持方法、会計システムへの仕訳情報の連携の仕方などは特に重要です。

また、単に経費精算を行うだけではなく、デジタルデータを活用した経理業務が可能かどうか、入力や処理の効率化がどの程度対応できているかがポイントになります。自社で使用している経費精算システムやこれから新たなシステムを導入するような場合の参考にしていただければと思います。

①　経費精算システムの選定のポイント（電帳法の法令要件対応での観点）

イ　証憑保存機能があり電帳法法令対応されている（スキャナ保存対応）

JIIMA認証（スキャナ保存ソフト認証）がされていれば電帳法第４条第３項の国税関係書類のスキャナ保存に対応しています。スキャナ保存に対応している製品であれば、電帳法第７条の電子取引データの保存の法令要件にも対応しているといえます。

ロ　ワークフロー機能と設定の柔軟性（経費承認・画像添付機能・人事マスタ連携）

領収書などの画像データがワークフローに添付でき、経費承認はデータにより行えれば、経理業務のデジタル化が可能になります。また、社内の承認ルートは、経費精算の場合は複雑となります。社内の内部統制にあった承認ルートの設定や、人事マスタとの連携は経費精算システムには必須の機能と言えるでしょう。

ハ　会計システム連携

経費精算された経費データを会計システムに自動連携することで、適正な仕訳情報が会計システムで処理されることになります。経費明細を会計システムに連携する方法と、経費精算ごとに勘定科目の合計額を連携するパターンなど連携方法はいろいろありますが、経費精算システムで保存されている経費データと会計システムで仕訳処理されたデータの関連性を保持することが重要です。

②　経費精算システムの選定のポイント（消費税インボイス制度対応での観点）

イ　割戻し計算及び帳簿積上げ計算対応（会計システム連携）

会計仕訳において消費税の仕入税額について、税込入力、税込処理、又は税込入力、積上げ処理のどちらかを選択することになります。特に積上げ計算方式を採用する場合には、消費税を入力するのではなく税込金額から割戻す方式（帳簿積上げ）の方が入力の手間がかかりません。

ロ　登録番号の登録確認業務

経費精算システムで処理される経費はほとんどのケースで不特定多数の支払先となります。処理する経費に係る支払先は免税事業者も含まれ、適格請求書を発行している事業者が登録されている事業者かどうかをシステムにより自動確認する機能は必須と言えます。適切な仕入税額処理を行い、仕訳情報を生成し会計システムに連携する必要があります。また、免税事業者の場合には経過措置に対応するため仕入税額処理を適切に行い会計システムに連携する方法と、免税事業者フラグを付けて会計システムに連携する方法と２パターンありますが、どちらも対応できるようにしておくことが必要です。

ハ　適格請求書ごとの伝票作成と適格請求書の保存

適格請求書（領収書）の経費精算システムへの入力は原則として領収書一枚ずつを入力して仕入税額処理を行います。仕入税額控除を行うには適格請求書の保存が必要です。システムへは仕訳情報の入力だけではなく、証憑保存ができるように電帳法の法令対応がされている製品を利用することで保存業務の効率化や適正化が図れます。

③　システムの紹介

経費精算システムを紹介いただくのは、パナソニック ネットソリューションズ株式会社の黒沢学様[6]です。以下、製品の内容について説明します。

【会社概要】

パナソニック ネットソリューションズ株式会社は、パナソニックグループの一員として、ワークフロー事業と映像監視事業を柱に、お客様の業務効率化や安心・安全の実現に総合的に取り組んでいます。近年、電子帳簿保存法の改正やインボイス制度の制定などを背景に、DX推進への取り組みが求められる中、ペーパーレスや新しい働き方を支援するツールとして、ワークフローシステム「MAJOR FLOW Z」は、多くのお客様から高い支持をいただいています。

今後も変化を続ける社会のニーズに対し、先進技術と多様な視点を駆使し、社会とお客様の課題を解決してまいります。

会社名	パナソニック ネットソリューションズ株式会社
所在地（本社）	〒104-0045 東京都中央区築地５丁目３番３号
設立	平成20年１月30日
資本金	7,000万円
代表取締役社長	南部　和彦
事業内容	・ワークフローソリューション設計／構築／保守 ・映像監視システムのインテグレーション及び開発 ・グループウェアソリューション設計／構築／保守 ・サーバソリューション設計／構築／保守 ・バックアップ＆セキュリティ設計／構築／保守 ・ナレッジマネージメントなどのITコンサルティング

6　黒沢学　パナソニック ネットソリューションズ株式会社ミドルオフィスソリューション事業部事業部長。設立当初より、「MAJOR FLOW Z」シリーズ（ワークフロー、経費精算、就業管理、証憑保管）の商品開発及びソリューション設計・構築支援に従事

【製品概要】

製品名：MAJOR FLOW Z CLOUD

特　徴：「MAJOR FLOW Z（メジャーフロージー）」シリーズは、はパナソニック ネットソリューションズ株式会社がこれまで蓄積してきたノウハウが随所に組み込まれたワークフローシステムシリーズです。

最大の特徴は中堅企業から大企業まで満足いただける充実した機能の数々です。利用形態はクラウド版とパッケージ版から選択でき、業種を問わずご利用いただいています。

図表：MAJOR FLOW Zの基本機能

製品ラインナップは、ワークフローシステム、経費精算システム、就業管理システムに、令和４年10月には証憑保管システムも加わった、全４種を展開しています。MAJOR FLOW Zシリーズは、多種多様な場面で社内のペーパーレス化や業務効率化の実現に向け、幅広くサポートします。

図表：MAJOR FLOW Z 製品ラインナップ

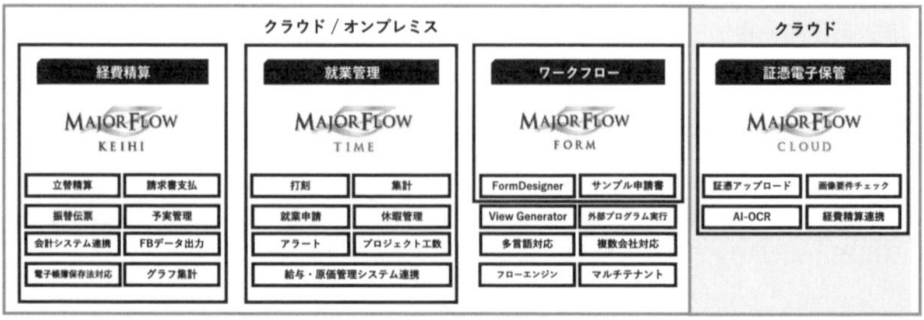

図表：ワークフローソフト導入実績

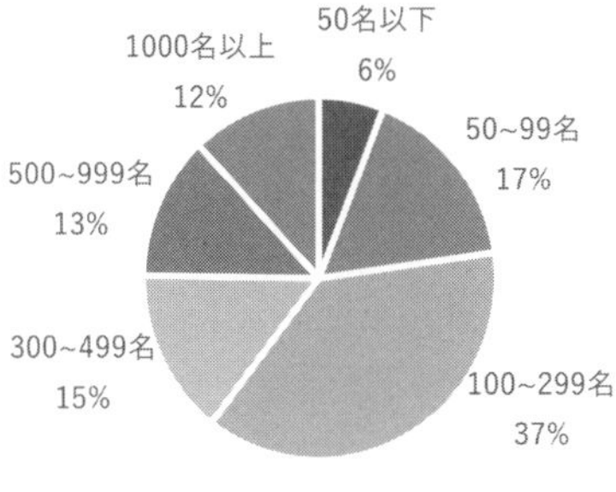

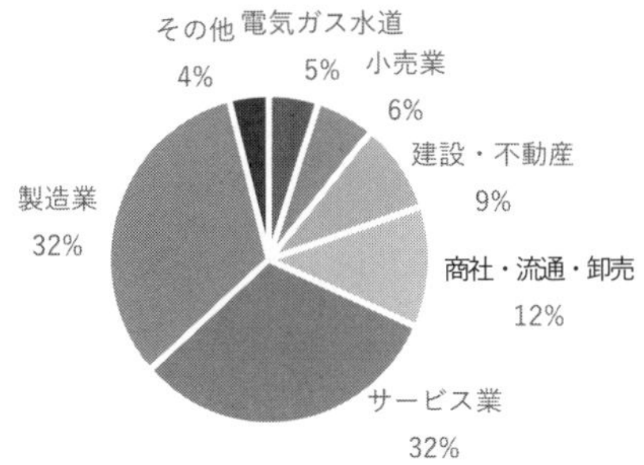

（主な導入実績）

・株式会社オリコフォレントインシュア様・カルビー株式会社様・デジタルアーツ株式会社様・株式会社ビデオリサーチ様・株式会社三井住友銀行様　ほか中堅企業から大企業まで幅広くご利用いただけます。

システム機能：

MAJOR FLOW Z CLOUDシリーズを導入することで、書類の電子化、内部統制の強化、業務効率化が可能になります。

「MAJOR FLOW Z CLOUD ワークフロー」、「MAJOR FLOW Z CLOUD 経費精算」については、オンプレミス環境で利用可能なパッケージ版の展開もあります。本章では、いずれもクラウド版の製品名で記載しています。

【システムの特性】

3．1　MAJOR FLOW Z CLOUD ワークフロー

「MAJOR FLOW Z CLOUD ワークフロー」は、複雑な決裁ルールにも対応できるワークフローシステムです。本書で説明する国税関係書類だけでなく、稟議書、作業指示書や各種届出など、社内文書の電子化にも活用できます。簡単操作で申請書を作成することができる申請書作成ツールもあり、導入からすぐに運用を始めることができます。

３．２　MAJOR FLOW Z CLOUD 経費精算

「MAJOR FLOW Z CLOUD 経費精算」は、社員の経費立替や取引先発行の請求書等の申請から支払いまでを一元管理する経費精算システムです。交通系ICカードやコーポレートカードの取り込み、証憑のOCR(Optical Character Reader：スキャナ等で読み込んだ画像データのテキスト部分を文字データに変換する光学文字認識機能)読み取りにも対応しており、データ入力者の手間や承認者のチェック作業を大幅に削減することができます。

３．３　MAJOR FLOW Z CLOUD 証憑保管

「MAJOR FLOW Z CLOUD 証憑保管」は、紙や電子データで受領した証憑を、電子帳簿保存法の法令要件を満たして保管するシステムです。

OCR読み取り機能により、データ入力者の手間を削減することができます（OCRは領収書と請求書のみ対応)。

３．４　MAJOR FLOW Zの特長

・請求書支払いの事前稟議

社員が交際費や出張旅費を使用する場合、多くの企業では事前の承認が必要になります。具体的には、交際費申請書や出張申請書で事前の承認を得た上で社員が費用の立て替えを行います。また、請求書の支払いは金額や内容によっては事前の決裁を必要としているケースが多くあります。

MAJOR FLOW Zでは、購入稟議などの事前承認や決裁と請求書の支払申請を連動して管理することができます。

・柔軟なワークフロー機能

申請部署や金額、内容によって承認フローの分岐が可能です。例えば、支社・支店などの拠点ごとに経理担当者が処理をしている場合、申請部署に応じて自動的に処理を振り分けることができます。また、申請金額によって最終決裁者が変わるケースも対応可能です。

・グループウェア連携

申請・承認待ち状況や申請書の起票メニュー画面が部品化されており、

図表：事前の購入稟議と請求書の支払申請を連動させた運用例

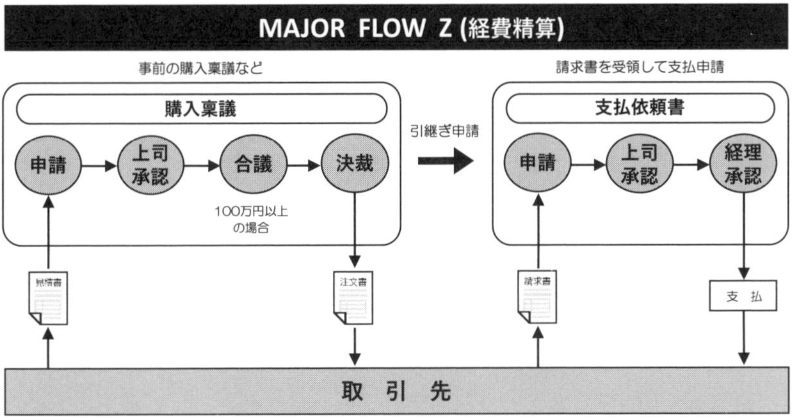

図表：パターンを組み合わせた柔軟なワークフロー運用が可能

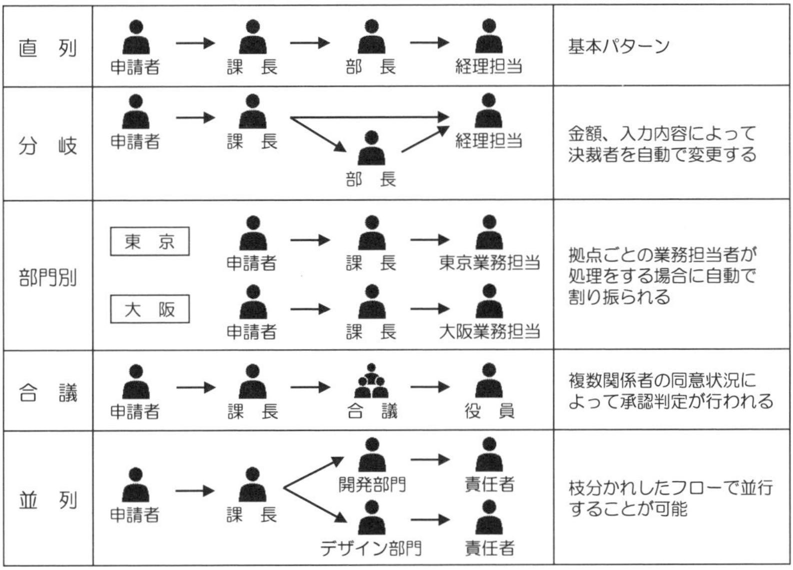
直列
申請者
課長
部長
経理担当
基本パターン
分岐
申請者
課長
経理担当
部長
金額、入力内容によって決裁者を自動で変更する
部門別
東京
申請者
課長
東京業務担当
大阪
申請者
課長
大阪業務担当
拠点ごとの業務担当者が処理をする場合に自動で割り振られる
合議
申請者
課長
合議
役員
複数関係者の同意状況によって承認判定が行われる
並列
申請者
課長
開発部門
責任者
デザイン部門
責任者
枝分かれしたフローで並行することが可能

グループウェアと連携して表示することができ、グループウェアの使い慣れた画面からそのままワークフロー業務を行うことができます。

図表：グループウェア画面への表示例

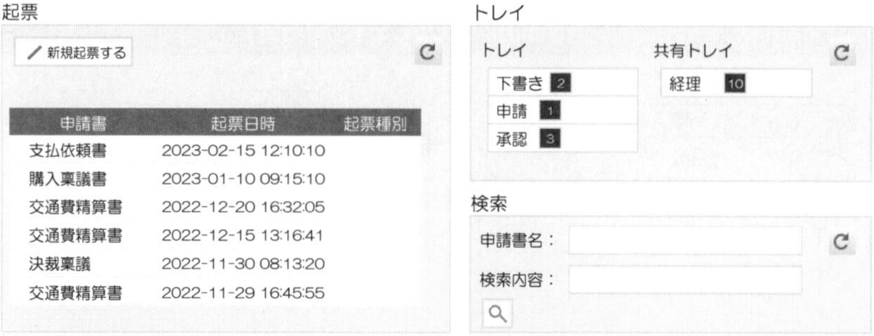

・組織変更、人事異動への対応

部門の統廃合や人事異動は、企業のワークフローシステム運用において重要なポイントになります。例えば、承認者が変わる場合、同者による前期の承認が完了するまでは新年度の申請を制限する必要があります。

「MAJOR FLOW Z CLOUD ワークフロー」「MAJOR FLOW Z CLOUD 経費精算」では、ユーザや部署などのマスタを期単位で複数管理することができ、組織変更や人事異動に対しても柔軟な対応が可能です。

3．5　MAJOR FLOW Zシリーズの活用方法

取引先から受領した見積書、請求書、領収書、納品書などの国税関係書類は、電子帳簿保存法に対応した保管をする必要があります。MAJOR FLOW Zシリーズを活用することで、ペーパーレス化と業務効率化を実現することができます。

【活用例１】

受領した国税関係書類を「MAJOR FLOW Z CLOUD 証憑保管」に保存します。保存した書類のデータは、「MAJOR FLOW Z CLOUD 経費精算」や「MAJOR FLOW Z CLOUD ワークフロー」と連携して一元管理ができ、入力やチェック作業の効率化や内部統制が可能となります。また、領収書と請求書については、「MAJOR FLOW Z CLOUD 経費精算」で承認後、会計システムに連携する仕訳データや支払データが自動生成されます。

※ 「MAJOR FLOW Z CLOUD ワークフロー」との連携は令和５年〜令和６年度にリリース予定

図表：組織変更などにより上司が変わる場合の対応例

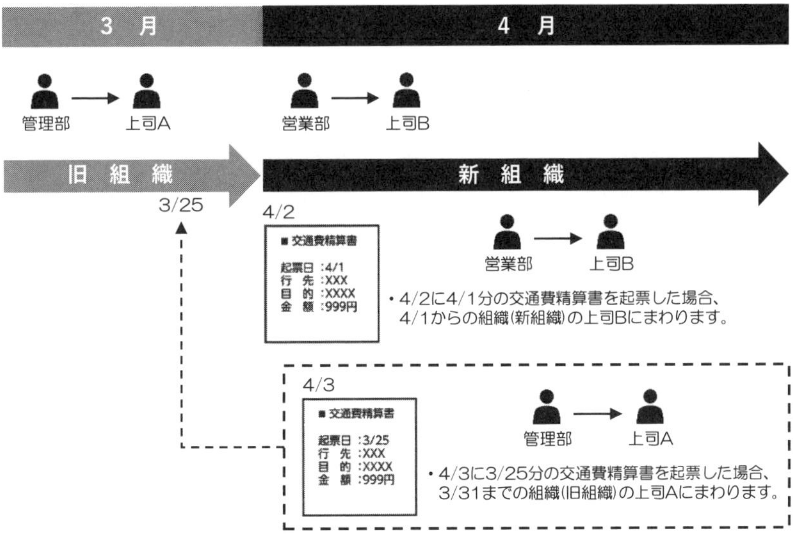

【活用例2】

活用例1は保存した証憑をMAJOR FLOW Zで承認する例ですが、MAJOR FLOW Zで承認後に証憑を保存する場合は他社製の文書管理システムと連携することで実現することができます。

MAJOR FLOW Zで承認が完了すると、画像データは申請番号や入力情報とともに文書管理システムに保存されます。

文書管理システムに保存されたデータは、申請番号によってMAJOR FLOW Zと関連付けられているため、MAJOR FLOW Zを検索することで承認履歴を確認することができます。

図表：活用例１のイメージ

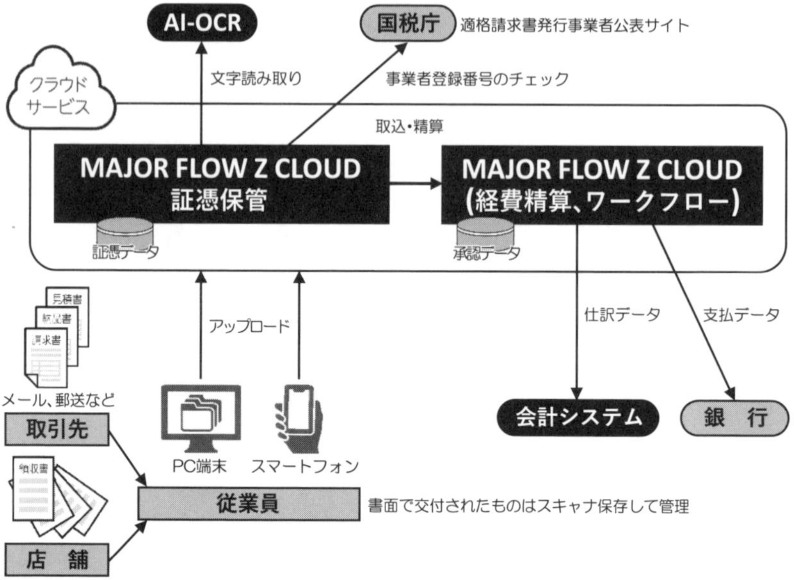

図表：活用例２のイメージ

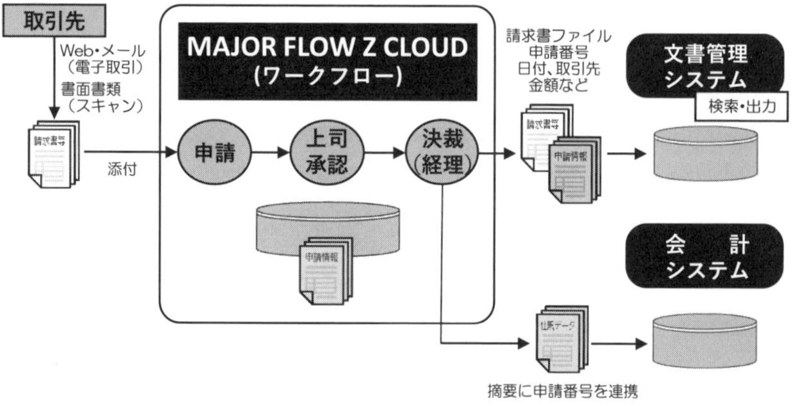

【電子帳簿保存法対応】

Point☑ JIIMA認証製品であること

「MAJOR FLOW Z CLOUD 証憑保管」は、日本文書情報マネジメント協会の「電子取引ソフト法的要件」と「電帳法スキャナ保存ソフト法的要件」のJIIMA認証を取得しており、電子帳簿保存法の要件を満たした国税関係書類の保管ができます。

対象製品	認証制度	取得年月
MAJOR FLOW Z CLOUD 経費精算	電子取引ソフト法的要件	令和４年５月
MAJOR FLOW Z CLOUD 証憑保管	電帳法スキャナ保存ソフト法的要件（令和３年度）	令和４年12月
	電子取引ソフト法的要件	令和５年３月

インボイス制度では、課税事業者が仕入税額控除を行うには適格請求書等を保存することが要件となりますが、書面による受領だけでなく電子データで受領した場合についても書面による保存が認められていますので、受領した電子取引データを印刷して書面保存しても問題はありません。

しかし、電子帳簿保存法では令和３年度改正により、電子データで受領した場合の書面保存は認められなくなりました[7]。

インボイス制度対応の検討をする際は、電子帳簿保存法を満たした帳簿の電子保存も併せて検討することをおすすめします。

本章では、「MAJOR FLOW Z CLOUD 証憑保管」が法的要件にどのように対応しているか説明します。

Point☑ 証憑データの訂正削除の履歴の確保 【スキャナ保存】【電子取引】

アップロードした証憑データは、クラウド上に保存されます。書類の編集画面で「取引先」「取引日」「金額」などの属性情報を入力することで、証憑データと合わせて保存されます。保存した証憑データと属性情報は、税法で規定されている期間（７年間、又は７年を超えて繰越欠損金の控除を行う場合は10年間）保存されます。

証憑データの改訂（差し替え）を行うと、改訂履歴が保存されます。改

7 宥恕措置の適用により令和５年12月31日までは書面による保存が可能です。また、令和６年１月１日以降については、相当の理由によりシステム対応ができなかった事業者等について、令和３年度改正前に行われていた出力書面による保存方法に加え、データのダウンロードの求めに応じることができる場合は、真実性の確保及び検索機能の確保要件は不要となります。

訂履歴には、差し替えを行った日時、操作者、差し替え前の証憑データが保存されます。

証憑データの差し替えは、常に最新バージョンの証憑データに対して行われます。差し替え前の証憑データは論理削除されず、過去バージョンとして保存され、変更・削除することはできません。

図表：証憑のバージョン管理（常に最新版に対して更新）

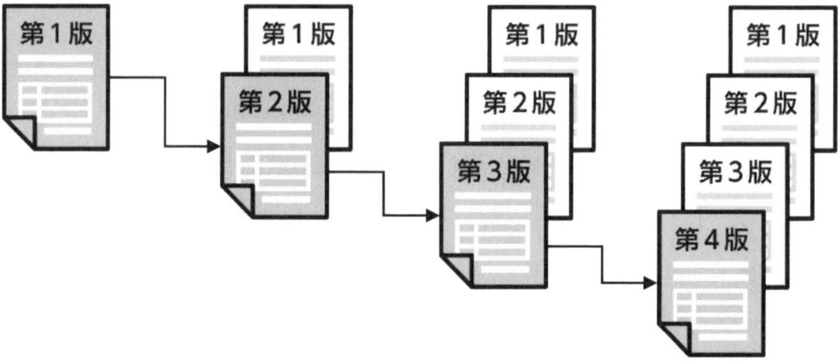

また、書類を削除しても、証憑データを含む書類データは実際には削除されず、書類の状態が「削除」になります（論理削除）。削除した書類は、「状態」の条件を「削除」と指定して検索することができます。

図表：削除した書類の検索方法

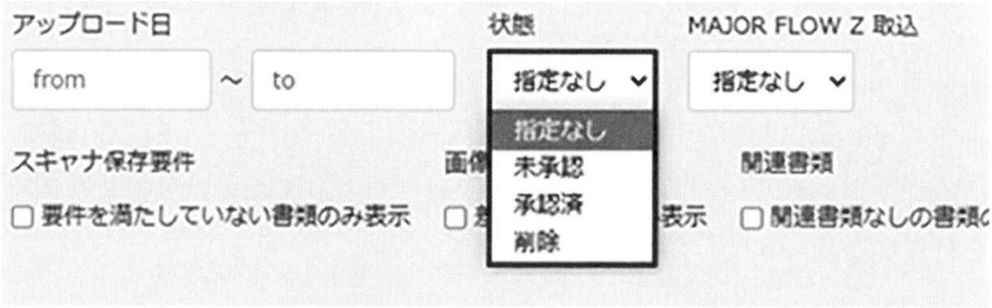

書類を削除した操作履歴（操作日時、操作者）は、操作履歴画面から確認することができます。検索結果から書類を開くことで、削除した書類を確認することができます。過去バージョンのすべての証憑データは最新バージョンに関連付けられており、表示、ダウンロード及び印刷をするこ

とができます。

Point☑ 関連する帳簿と証憑データ間の相互関連性の確保 【スキャナ保存】

　証憑データは、関連する仕訳情報との関連性を確保して保存する必要があります。「MAJOR FLOW Z CLOUD 証憑保管」では、以下の①〜③の方法によって仕訳情報との関連付けを行うことができます。

図表：書類画面の関連付け表示

関連付け番号 ❓　　　MAJOR FLOW Z 申請番号 ❓

①　　　　　　　②

関連書類 ❓　　　　　　　　　　　　　　　➕ 関連書類設定

③

日付	書類	会社名	金額		
2022-12-15	納品書 221201000002	○○株式会社	20,000	🔗	🗑
2022-12-01	納品書 221201000003	○○株式会社	150,000	🔗	🗑

①　関連付け番号

　領収書、請求書については、仕訳情報を特定できる項目（伝票番号など）を「関連付け番号」に入力することで、仕訳情報との関連性を確保できます。領収書、請求書以外の場合は、関連する領収書、請求書を特定できる伝票番号、MAJOR FLOW Z申請番号などを「関連付け番号」に入力することで、領収書、請求書を通して間接的に仕訳情報との関連性を確保できます。

②　MAJOR FLOW Z申請番号

　「MAJOR FLOW Z申請番号」にMAJOR FLOW Zの申請番号が自動でセットされます（領収書、請求書のみ）。MAJOR FLOW Zから会計システムに連携する仕訳情報には申請番号を含めることができますので、仕訳情報との関連性を確保できます。

③ 書類の関連付け機能

「MAJOR FLOW Z CLOUD 証憑保管」に保存した書類と関連付けを行うことができます。

①～③以外で運用する場合は、仕訳情報に「MAJOR FLOW Z CLOUD 証憑保管」の「書類ID」を入力します。「書類ID」はシステムで一意となる番号が自動的に割り当てられます。

取引に至らなかった見積書など、帳簿との関連性がない書類を検索する場合は、以下のように検索条件を指定することで確認できます。

図表：取引に至らなかった書類を検索する条件指定

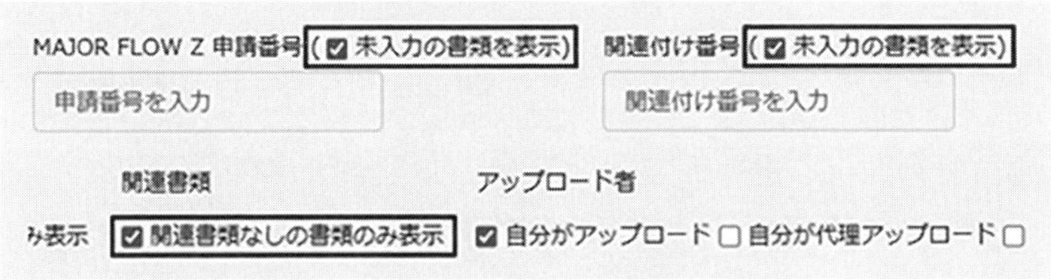

Point☑ 検索機能　【スキャナ保存、電子取引】

「MAJOR FLOW Z CLOUD 証憑保管」では、証憑データの属性値として「取引年月日」「取引金額」「取引先」を保存することができます。これらの項目によって、電帳法スキャナ保存ソフト法的要件とされている以下の検索が可能です。

検索項目	検索方法
取引年月日	範囲指定（From ～ To）による絞込み 取引年月日が未入力のデータを検索
取引金額	範囲指定（From ～ To）による絞込み 取引金額（合計金額）が未入力又は0円のデータを検索
取引先	部分一致検索による絞込み 取引先が未入力のデータを検索

検索項目を複数指定した場合は、すべての条件を満たすデータに絞り込まれます（AND条件）。

取引年月日を範囲指定検索することで、「一課税期間を通した検索」が可能になります。また、未入力のデータを検索することで、「値がないことを条件にした検索」が可能になります。

Point☑ スキャナ保存の証憑画像要件　【スキャナ保存】

「MAJOR FLOW Z CLOUD 証憑保管」では、スキャナ保存として保存した場合、解像度、書類の大きさ、色階調のチェックを行っています。解像度、大きさについては、PDFファイルの場合は200dpi以上を満たしているか、画像ファイルの場合は387画素以上（2,338画素×1,654画素）を満たしているかチェックしています。色階調については、重要書類の場合は24bitカラーを満たしているか、一般書類の場合はグレースケールを満たしているかチェックしています。

Point☑ タイムスタンプ代替機能　【スキャナ保存】

「MAJOR FLOW Z CLOUD 証憑保管」では、証憑をアップロードした時刻を「入力時刻」として記録しています。この入力時刻については、Microsoft社の「time.windows.com」が提供する時刻情報（NTPサーバ）[※1]から取得しており、利用者[※2]はこの時刻を変更することができません。

なお、タイムスタンプ付与の代替機能については「電帳法スキャナ保存ソフト法的要件」の場合のみ可能です。「電子取引ソフト法的要件」の場合は、証憑データの訂正削除に関する事務処理規程の整備が必要です[※3]。

※1　https://learn.microsoft.com/ja-jp/windows-server/networking/windows-time-service/accurate-time
※2　運用管理者も含まれます
※3　巻末に事務処理規程（パナソニック ネットソリューションズ株式会社提供）のサンプルを掲載しています

【消費税インボイス制度対応】

インボイス制度が開始されると、請求書や領収書を受領する課税事業者にとって大きな業務負荷がかかることが予想されます。インボイス制度開始後に発生する受取り側の主な業務は以下の通りです。

・取引先から受領した適格請求書の保存
・取引先が適格請求書発行事業者か否かの確認

・受領した請求書や領収書が適格請求書の記載要件を満たしているかの確認（記載要件を満たしていない場合は再発行依頼が必要[8]）

・登録事業者と免税事業者等を区分した帳簿入力

電子帳簿保存法とインボイス制度に対応した各種システムを導入することで、請求書や領収書を受領した後のデータ管理と入力並びに確認業務の効率化が可能になります。

本章では、「MAJOR FLOW Z CLOUD 証憑保管」と「MAJOR FLOW Z CLOUD 経費精算」がどのようにインボイス制度に対応しているかを説明します。

Point☑ 適格請求書発行事業者の登録情報確認

「MAJOR FLOW Z CLOUD 経費精算」の取引先マスタには「事業者登録番号」の項目が追加されます。インボイス制度が開始される前に、適格請求書発行事業者の登録番号を取引先に確認し、取引先マスタに登録しておくことで、請求書を受領するたびに事業者登録番号の確認をする必要がなくなります。

新規取引など、取引先マスタに登録されていない取引先からの請求書や、社員が経費を立て替え時に受領した領収書などは、受領の都度、国税庁の「適格請求書発行事業者公表サイト」で事業者登録番号を検索し、入力する必要があります。

「MAJOR FLOW Z CLOUD 証憑保管」では、受領した請求書や領収書の内容（事業者登録番号※1、取引日、金額、取引先など）をOCRで読み取り、入力業務を効率化することができます。

OCRで読み取った、又は手入力した事業者登録番号を、国税庁が公開しているWeb-APIを利用して自動的にチェックし※2、適格請求書発行事業者か否かが判定されます。

8　現行制度（区分記載請求書等保存方式）では、必要な事項が記載されていない場合は受け取り側で追記可能ですが、インボイス制度（適格請求書等保存方式）では追記が認められなくなります

※1　令和5年7月ごろ対応予定
※2　令和5年9月ごろ対応予定

Point☑ 経費精算システムへの取込み

「MAJOR FLOW Z CLOUD 証憑保管」に保存した証憑データ（請求書、領収書）は、「MAJOR FLOW Z CLOUD 経費精算」に取り込んで経費精算を行うことができます。取り込み時には、経費精算の明細を自動生成することができ、入力業務を効率化することができます。

図表：保存した証憑データの経費精算システムへの取込み

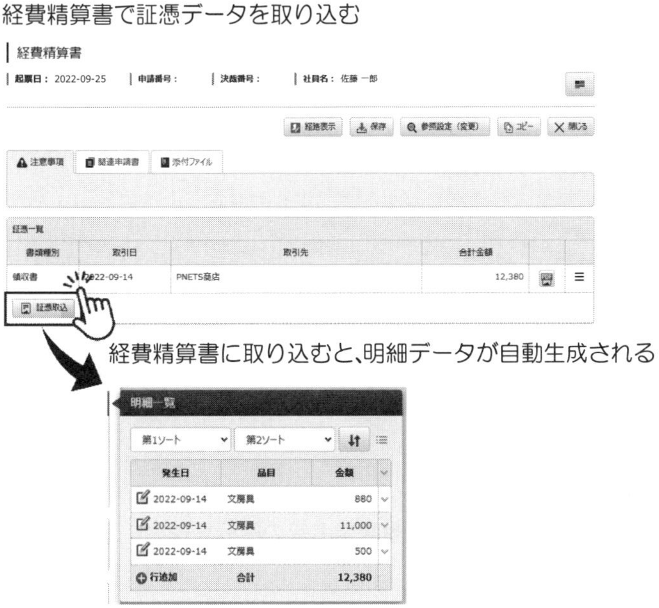

Point☑ 仕入税額控除の要件を満たしているか否かの確認

インボイス制度開始後は、受領した請求書や領収書が適格請求書であり、正しく保存されていることが仕入税額控除の要件となります。このため、受領者や経理担当者は、受領した請求書や領収書が適格請求書の要件を満たしているかどうか、取引の都度確認する必要があります。

ただし、請求書等の交付を受けることが困難な場合などは、一定事項を記載した帳簿のみの保存で仕入税額控除が認められています（「適格請求書の交付義務が免除される３万円未満の公共交通機関による旅客の運送」、「社員に支給する通常必要と認められる出張旅費等」など[9]）。

「MAJOR FLOW Z CLOUD 経費精算」では、事業者登録番号の入力有無、証憑画像の取り込み有無、取引内容、金額によってチェックを行い、条件を満たさない場合は、申請・承認時に警告画面を表示することができます。

これにより、申請者の入力漏れ、経理担当者のチェック漏れの確認作業の負担を軽減することが可能になります。

警告機能の利用は申請書の種類ごとに選択することができますので、請求書の支払申請ではチェックを行い、交通費精算書ではチェックをしないといった運用も可能です。

図表：（例）事業者登録番号が未入力の場合の警告（申請時）

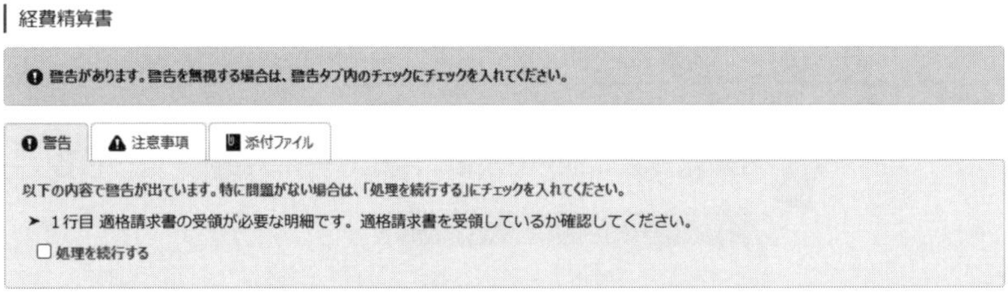
経費精算書
警告があります。警告を無視する場合は、警告タブ内のチェックにチェックを入れてください。
警告
注意事項
添付ファイル
以下の内容で警告が出ています。特に問題がない場合は、「処理を続行する」にチェックを入れてください。
➤ １行目 適格請求書の受領が必要な明細です。適格請求書を受領しているか確認してください。
処理を続行する

Point☑ 登録事業者と免税事業者等の区分経理

インボイス制度開始後は、免税事業者等から行った課税仕入れについては仕入税額控除を行うことができません。ただし、インボイス制度開始から６年間は、仕入税額相当額の一定割合を控除することが可能な経過措置が設けられています。

「MAJOR FLOW Z CLOUD 経費精算」では、前述の通り事業者登録番

9　令和５年度の税制改正により、基準期間（前々年・前々事業年度）の課税売上高が１億円以下の事業者は令和11年９月30日まで仕入税額控除の要件が緩和され、１万円未満の課税仕入れについては帳簿の記載のみで仕入税額控除が可能となります。

号の入力有無、証憑データの取り込み有無、取引内容、金額によって申請・承認時に警告画面が表示されますが、仕入先が登録事業者か免税事業者等かの区分は経理担当者が行います。そして、登録事業者か免税事業者等かの区分を会計システムに仕訳データとして出力することが可能です。

会計システムで登録事業者と免税事業者等を区分する方法は、各製品で異なりますが、経過措置を区分した税区分が設けられるか、登録事業者と免税事業者等を区分した項目（フラグなど）が追加されるか、あるいはその両方であると想定されます。

「MAJOR FLOW Z CLOUD 経費精算」では、いずれの方法にも対応しています。

また、経過措置の場合や帳簿のみの保存で仕入税額控除が認められる場合に、仕訳データの摘要欄等に「免税事業者からの仕入」「帳簿のみ保存の特例適用」を出力するなど、運用に合わせた仕訳データの出力が可能です。

Point☑ 仕入税額計算方法への対応

インボイス制度では、適格請求書に記載する消費税額等に１円未満の端数が生じる場合は、一つの適格請求書につき、税率ごとに１回ずつの端数処理を行うこととしています。

一方で、一つの適格請求書について費用を部門配賦する場合や、費用科目が異なる明細が含まれる場合などは、同一税率の消費税額合計を分割して複数行の仕訳にする必要があります。この場合、仕訳行ごとに計算される同一税率の消費税額の合計と、適格請求書に記載されている同一税率の消費税額の合計に差異が生じる場合があります。

「MAJOR FLOW Z CLOUD 経費精算」では、費用按分や税額修正を行うことが可能です。これにより仕入税額の計算方法である「インボイス積上げ計算」「帳簿積上げ計算」「割戻し計算」のいずれにも対応が可能となっています。

column

一つの適格請求書について費用を部門配賦する場合や、費用科目が異なる明細が含まれる場合などは、仕訳行もその分だけ分割されます。この場合、仕訳行ごとに計算される同一税率の消費税額の合計と適格請求書に記載されている同一税率の消費税額の合計に差異が生じる場合があります。

「MAJOR FLOW Z CLOUD 経費精算」には費用按分機能が搭載されており、一つの明細を複数部門に配賦することが可能です。このとき按分によって分割された各行の消費税額の合計は差異が自動的に調整され、分割前の消費税額と一致します。

費用科目が異なる場合は、一つの明細を複数明細に分割して入力します。このとき消費税額合計に差異が生じた場合、自動計算された消費税額に対して明細ごとに税額修正を行うことが可能です。

＜分割によって消費税額に差異が生じる例＞

インボイス記載額　税込金額：140,000円　消費税額（10%）：12,727円

科目が異なる場合は、科目ごとに明細を分割して入力します。このとき、消費税額は分割した行ごとに以下のように計算されます。

備品　　　　税込金額　125,000円（10%消費税額　11,363円）
事務用品費　税込金額　 15,000円（10%消費税額　 1,363円）

合計　税込金額　140,000円（10%消費税額　12,726円）
（消費税の端数処理方法は切捨てとします）

このとき、分割後の消費税額合計は12,726円となり、適格請求書に記載されている税率ごとの消費税額合計12,727円と１円の差異が生じます。

この場合、消費税額を修正することで適格請求書に記載されている税率ごとの消費税額合計と一致させることが可能です。

消費税額修正後の明細

備品　　　　税込金額　125,000円（10%消費税額　11,364円）
事務用品費　税込金額　 15,000円（10%消費税額　 1,363円）

合計　税込金額　140,000円（10%消費税額　12,727円）
（消費税の端数処理方法は切捨てとします）

Point☑ 複数の書類で適格請求書要件を満たす場合の対応

適格請求書は、一つの書類のみですべての記載事項を満たす必要はなく、相互の関連が明確な複数の書類全体で記載事項を満たしていれば、これら複数の書類を合わせて一つの適格請求書とすることが可能です。例えば、納品書と月でまとめた請求書を発行する場合、納品書番号が請求書に記載されていれば、書類の相互関連が明確であるといえます。

このような複数書類で適格請求書要件を満たす場合において、「MAJOR FLOW Z CLOUD 証憑保管」では、書類の関連付け機能によって書類間の関連性を明確にすることが可能です。

また、請求書と納品書等で適格請求書の記載事項を満たしている場合においては、書類の関連付けを行って、「MAJOR FLOW Z CLOUD 経費精算」で請求書を取り込むことで、関連する納品書等の確認が可能になります。

図表：（例）納品書と請求書で適格請求書要件を満たす場合の関連付け

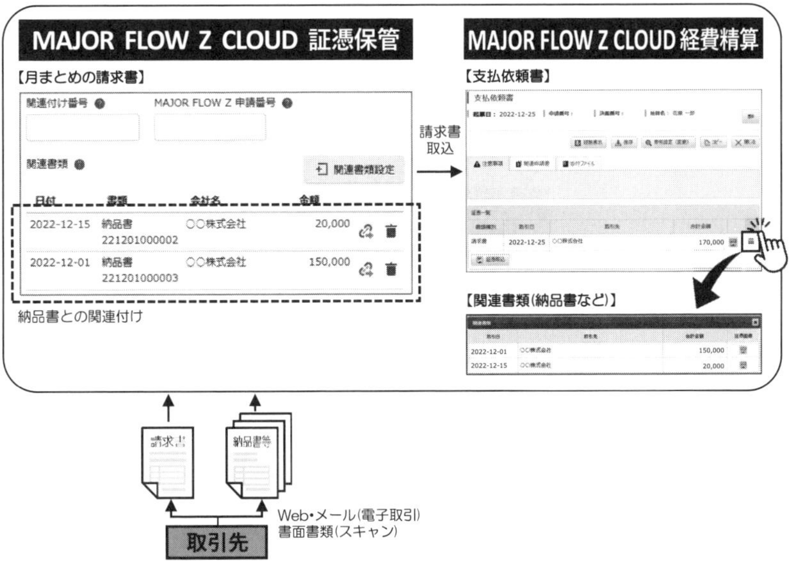

Point☑ コーポレートカード利用時の精算方法

コーポレートカードを利用した場合は、「MAJOR FLOW Z CLOUD 経費精算」にカード利用明細データを取り込んで精算することができます。

ただし、カード利用明細データは電子取引データとして保存されますが、取引相手である店舗等が交付したものではないため、電子取引データの保存だけではインボイス制度開始後の仕入税額控除の要件を満たしておらず、仕入税額控除適用のためには店舗等で受領した適格請求書の保存も必要です。

コーポレートカード利用時の精算の際は、受領した適格請求書を「MAJOR FLOW Z CLOUD 証憑保管」に保存し、カード利用明細データの取込みと合わせて証憑データも取り込みます。このとき、明細を自動生成せずに取り込むことで重複取込みを防ぐことができます。

図表：コーポレートカード利用時のデータ取込みイメージ

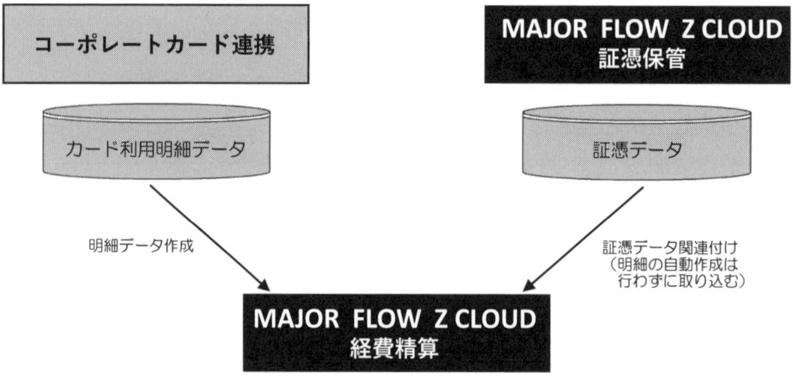

以上、パナソニック ネットソリューションズ株式会社の執筆により解説しました。

3　文書管理システムのインボイス制度対応

文書管理システムは、単体の利用では文書データを保存し検索や閲覧することを目的として使用することになります。インボイス制度では、適格請求書を発行した場合の控えの保存や、受領した適格請求書を保存することが義務付けされます。これらの適格請求書は、データで保存するだけではなく、業務処理の電子化のためのワークフローや自社システムを活用した運用をすることになります。その際には、証憑データなどを一元管理できるシステムが文書管理システムの位置づけとなります。

文書管理システムは、帳簿書類など税法や電帳法で保存が必要なデータを保存する場合には電帳法の保存要件を満たしていることが必要です。複数のシステムを使用して業務を行っている場合の証憑データの保存や、様々な方法で授受される電子取引データなどを網羅性のある検索によりデータ管理することができるのも文書管理システムとなります。

①　文書管理システムの選定のポイント（電帳法の法令要件対応での観点）

イ　証憑保存に関して電帳法法令対応されている（スキャナ保存・電子取引対応）

JIIMA認証（スキャナ保存ソフト認証）がされていれば電帳法第４条第３項の国税関係書類のスキャナ保存に対応しています。スキャナ保存に対応している製品であれば、電帳法第７条の電子取引データの保存の法令要件にも対応しているといえます。

ロ　ワークフローシステムやほかのシステムとのデータ連携ができる

業務処理をデータで行う場合、取引に係る書類データをワークフローシステムに添付することになりますが、このような場合に文書管理システムに証憑データや検索情報を連携し、電帳法のよう要件を満たしたうえで保存ができれば保存の手間や保存漏れは発生しません。

ハ　保存エントリーの仕組みがある

文書管理に証憑データを保存する場合、単に保存するだけではなく、証憑データを保存する際にAI-OCRや検索情報などの属性情報付加のエントリー業務が効率化されるような仕組みがあれば文書保存業務の適正性や効率性が向上します。

②　文書管理システムの選定のポイント（消費税インボイス制度対応での観点）

イ　帳簿データが保存できる

文書管理システムは証憑管理のみを行う目的の製品と、帳簿データやEDIデータのようなテキストのデータベースも保存ができるタイプの製品があります。後者の製品は本書ではDB型電子帳票システムと呼んでおり、帳簿データのようなテキストデータと関連する証憑データを保管できるシステムです。

インボイス制度において、仕入税額控除の要件とは所要事項が記載されている帳簿の保存も要件となります。インボイス制度対応では該当帳簿の保存をデータで行うことも検討項目に含まれます。JIIMA認証（電子帳簿ソフト保存）を受けているDB型電子帳票システムが導入できれば、帳簿データも電帳法の要件に従った保存が可能となります。

ロ　適格請求書のデータによる保存

適格請求書は書面やデータで受領することになりますが、一元管理を行うにはデータによる保存が必要となります。この場合、書面の適格請求書は電帳法第４条第３項で規定されるスキャナ保存の要件に従った入力や保存が必要になります。データで受領した適格請求書は電帳法第７条の電子取引データの保存要件に従ったデータ保存が必要となります。このように適格請求書をデータで一元管理をするためには電帳法の法令要件が満たされている文書管理システムを選定する必要があります。

③　システムの紹介

文書管理システムを紹介いただくのは、JFEシステムズ株式会社の橋本裕之様[10]です。以下、製品の内容について説明します。

【会社概要】

JFEシステムズは、情報システムの企画・構想、設計、開発、保守・運用を行うシステムインテグレーション（SI）に加え、自社プロダクトや特徴あるアライアンスパートナーのソリューションを活用した業務システムの構築、及び業務システムを支えるITインフラソリューションを主たる事業としています。「ソリューション・プロダクト事業」「ビジネスシステム事業」「鉄鋼業界向け事業」「基盤サービス事業」「DX事業」の５つの事業を展開しています。

会社名	JFEシステムズ株式会社
本社所在地	東京都港区芝浦１丁目2-3シーバンスＳ館
設立	1983年９月１日（昭和58年９月１日）
資本金	1,390,957千円
社員数	1,847人（連結）　※令和４年３月31日現在
売上高	50,394百万円　　※令和４年３月期

【製品概要】

製品名：DataDelivery

特　徴：

「DataDelivery」は、国税関係帳簿書類に係る帳簿、スキャナ、電子取引、書類の電子保存に対応しています。

企業で長年保存が必要となる大量データの保存と高速検索に機能特化した情報基盤ソリューションです。各種証憑を真正性が担保されたデジタル証跡として保存します。また、さまざまな上位システムで生成された国税関係の帳簿・書類を一元管理することができますので、経理業務に関する書類のペーパレスを促進するために最適なシステムです。

10　橋本裕之　JFEシステムズ株式会社ソリューション・プロダクト事業本部プロダクト事業部シニアセールスマネージャー。平成17年入社、自社開発している電子帳票・帳簿システムの事業に携わる。公益社団法人日本文書情報マネジメント協会（JIIMA）法務委員会副委員長・上級文書情報管理士

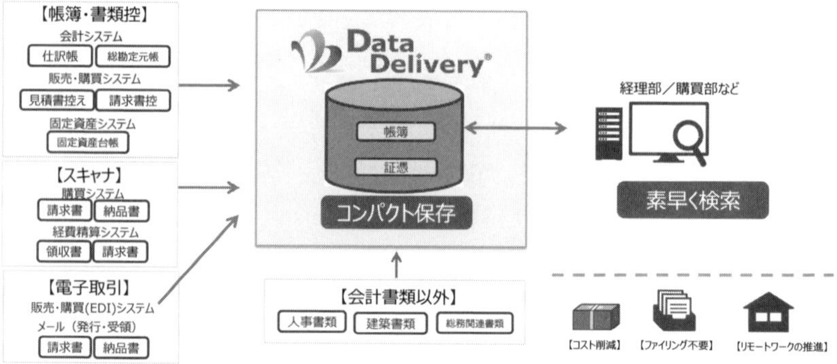

導入企業の会社規模：

平成10年の事業発足以来、シリーズ累計において国内における利用企業は、4,164社（令和４年12月時点）となっています。製造業、サービス、小売業、商社、金融業界など様々な業界においてご利用いただいております。日々、蓄積される仕訳情報や各種証憑が大量に保存されていても、高速に検索表示できる特徴があることから主に中堅企業以上のお客様にご採用いただいております。

※導入企業
https://www.denshichoubohozon.com/jirei/index.html

システム機能：

国税関係帳簿書類を電子的に保存するパッケージソフトウェアです。電子帳簿保存法の法令要件に則り、長期間に渡ってデータをコンパクトに保存することができます。

【システムの特性】

システム用途について：

DataDeliveryは、会計システム、購買・販売システムなどのデータを一元的に長期保存するシステムです。電子帳簿保存法に対応したDataDeliveryで保存することにより、下記のメリットがあります。

複数のシステム毎にデータを長期保存する場合には、データ量増加によるレスポンス劣化への対応や、各システムを更新する場合のデータ移

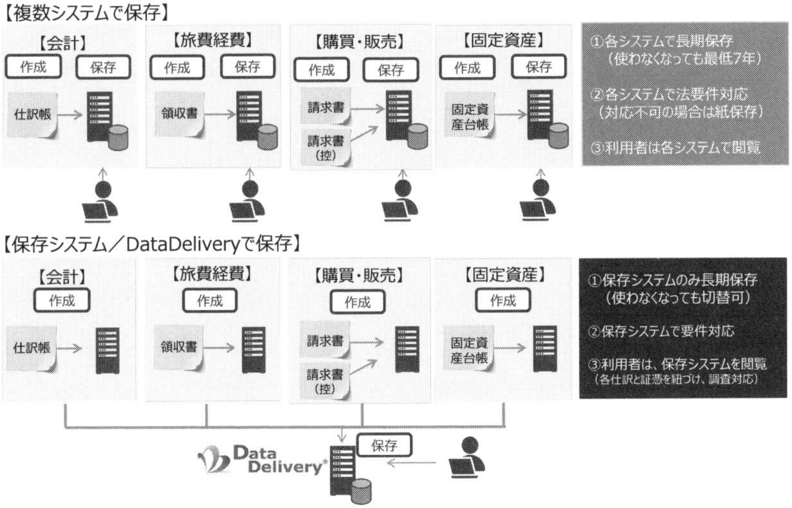

行対応に加えて、毎年、改正されている法要件対応が各システムで必要となるため、DataDeliveryにデータを一元管理すること推奨いたします。

なお、システム環境として、「オンプレミス環境」と「クラウド環境」の両方を提供していますので、お客様のご利用環境にあわせてご提案いたします。

【電子帳簿保存法対応】

DataDeliveryは、公益社団法人日本文書情報マネジメント協会（JIIMA）の法要件認証を取得しています。この認証は、JIIMAが市販されているソフトウェアやソフトウェアサービスが電子帳簿保存法の要件を満たしているかをチェックし、法的要件を満たしていると判断した製品にのみ与えられます。

- 電子帳簿ソフト法的要件認証　（認証番号：200100-01）
- 電帳法スキャナ保存ソフト法的要件認証　（認証番号：001600-00、002100-01、005000-00）
- 電子取引ソフト法的要件認証制度　（認証番号：600200-01）
- 電子書類ソフト法的要件認証制度　（認証番号：500100-00）

（この認証ロゴは、公益社団法人日本文書情報マネジメント協会よりライセンスされています。）

近年、電子帳簿保存法は毎年のように改正されています。審査基準も法改正に合わせて変更され、DataDeliveryはその変更に追随すべく最新の法要件に対応し、再審査を受けています。直近では、令和３年度法改正対応として、電子帳簿・スキャナ・電子取引領域の再審査を受け認証を取得しています。

Point☑ 電子帳簿保存法対応範囲について
（帳簿、書類、スキャナ保存、電子取引ごとの対応範囲）

DataDeliveryは、税法等の区分である帳簿のデータ保存（電帳法第４条第１項）・書類のデータ保存（電帳法第４条第２項）、書類のスキャナ保存（電帳法第４条第３項）、電子取引（電帳法第７条）の４つの区分に応じた法令への対応をしています。それぞれ別々のシステムで作成された仕訳帳、仕入台帳、注文書など帳簿データとその帳簿の仕訳情報に関連する書類を高速検索し、一連の画面で表示させることができます。

したがって、各種取引から生じる書類、スキャナ保存、電子取引に加えて関連帳簿も一元管理することが可能となります。

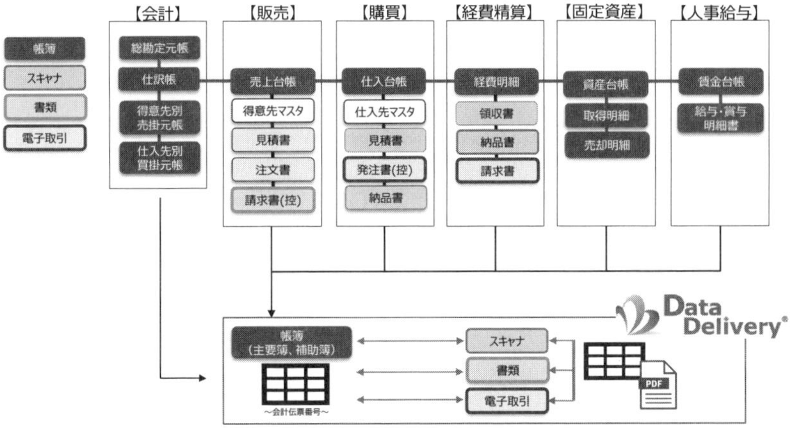

Point☑ 段階的・網羅的に電子保存の拡充ができる

DataDeliveryは、税法等の区分である帳簿のデータ保存（電帳法第４条第１項）・書類のデータ保存（電帳法第４条第２項）、書類のスキャナ保存（電帳法第４条第３項）、電子取引（電帳法第７条）の４つの区分に応じた法令への対応をしています。税法等で区分されている帳簿や書類及び電子取引などそれぞれのカテゴリーごとにデータ保存を検討する場合でも段階的に検討が可能です。電子化する場合の運用のしやすさ、システムの難易度、コストなどを総合的に検討し、お客様の優先度にあわせて、段階的・網羅的に電子化を推進することができます。

図表：進め方のイメージ

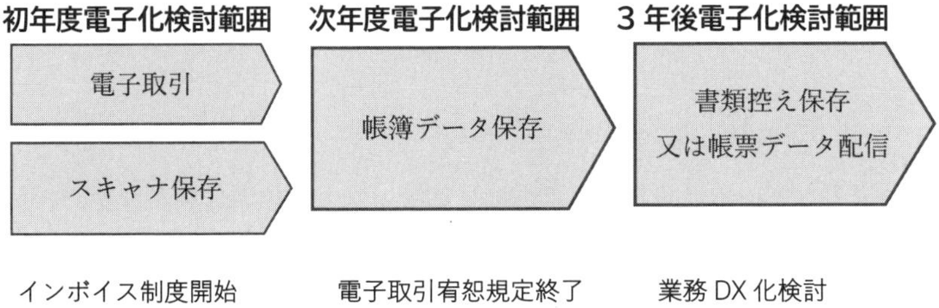

Point☑ 帳簿・証憑の両方をDataDeliveryの一画面で表示

DataDeliveryのリンク機能を用いて、異なる上位システムを特定のキー

図表：DataDeliveryの画面イメージ

※購買システムから会計システムに取引先毎に集計して連携しているパターン

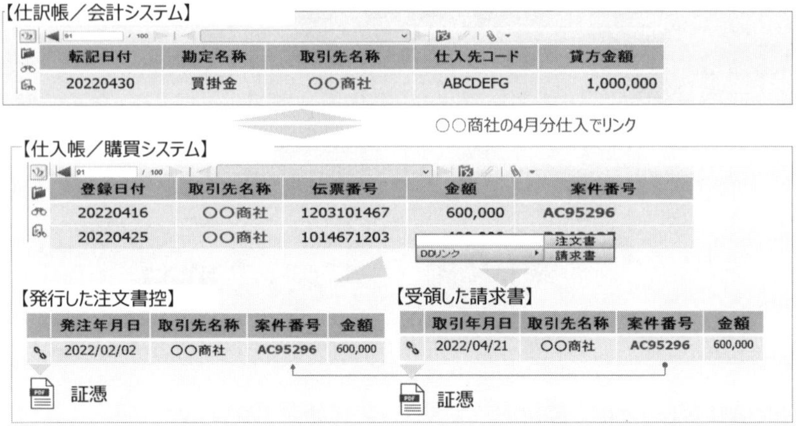

や複合的な検索要件により繋げて表示することが可能です。本機能により特定の取引関係書類（請求書、注文書など）のPDFデータとインデックスとなる検索条件（取引先名称、金額、日付など）に加えて、会計システムのデータも紐づけて管理することにより、仕訳情報や発行、受領された証憑も一度に確認することができます。

Point☑ 上位システムへの組込みが可能

DataDeliveryは、上位システムで作成されたデータを保存することに加えて、一部機能を上位システム側でも実装することができます。本機能により、法要件における適正なチェックや二重登録を抑止することが可能です。

① スキャナ保存における要件チェック

請求書などの重要書類は、解像度は200dpi以上、色調はフルカラー、受領日から２か月と概ね７営業日以内にタイムスタンプを付与し内容確認するなどの要件があります。本要件は保存システム側でも確認することができますが、上位システム側で証憑を添付する場合には、承認者が確認できない情報もあるため、申請者が添付する際にチェックをした方が理想的な業務処理になります。

そこで、本要件に即したチェック機能を上位システム側に組み込むことが可能となります。

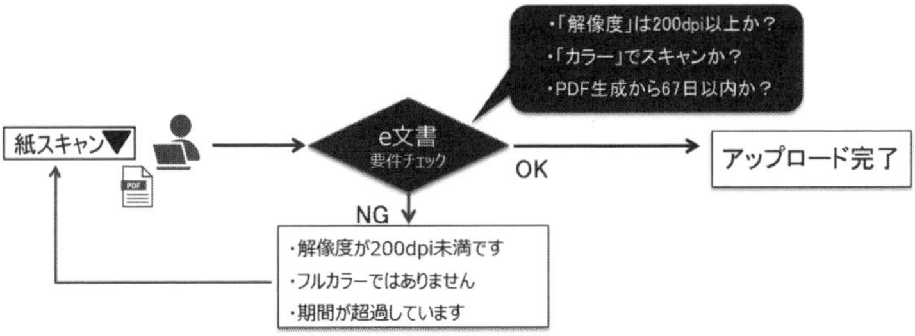

② 電子取引データ（PDF）の自動読み取り機能

JFEシステムズが提供しているエントリーツール（eDocAssist）は、テキスト型PDFデータの自動読み取り機能（取引先名称、金額、日付などの指定したインデックス情報）を有しています。本ツールを用いて、各証憑の情報をDataDeliveryに手動登録することが可能です。本機能はAPIを用いて上位システムに組み込むこともできます。

DataDeliveryは、上位システムからの自動登録とエントリーツールを用いた手動登録の並行的な運用も可能ですが、上位システムに統一すること

で利用者の業務利便性やシステムの簡素化が図れます。

また、上位システムにeDocAssistを組み込むことで、利用者は証憑に記載している情報が自動登録されますので、業務スピードの向上が期待できます。

Point☑ グループ運用、大規模運用に強い

DataDeliveryは長年に渡って保存される大量データをコンパクトに保存し、高速に検索することが可能です。

データの互換性が保証されている為、バージョンアップする場合にもデータコンバートなどの移行作業が不要です。帳簿、書類、スキャナ保存、電子取引の各区分への対応はもちろん、長期運用を前提としている為、グループ会社利用も含めて１台のサーバで運用できるキャパシティを備えています。

【消費税インボイス制度対応】

現行の消費税法では、仕入税額控除の要件として請求書等を受領する側の備付け及び保存対応が必要ですが、インボイス制度においては受領する側に加えて、請求書等を発行する側の対応も必要になってきます。

DataDeliveryでは、受領する請求書等はもちろん、発行する請求書の保存についても対応しています。また、インボイス制度対応に向けた新機能についても検討が進められています。

Point☑ お客様の採用事例

（1）企業概要

・社名　サッポロビール株式会社

・本社　東京都渋谷区恵比寿四丁目20番１号

・設立　平成15年７月１日（平成15年７月１日）

・資本金　100億円

・売上高　2,254億円　※令和３年12月期

（2）お客様の課題

・紙による業務を行っているため出社が必要となり、在宅勤務への移行

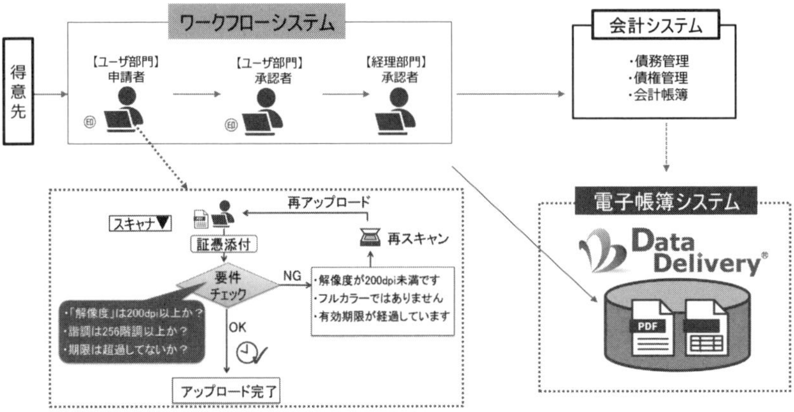

が難しい。

（導入していた電子ワークフローにより電子承認を行われている一方、紙で来た請求書などはもちろん、電子データで受領した証憑も印刷して、押印していた。）

・電子帳簿（スキャナ保存）の要件が充足できていないので、長期間の紙保存が必要になっている。

・伝票と証憑の紐付けが電子データを格納する仕組みがないため、会計監査対応時には製本された伝票（紙）を提出することでしか対応できない。

① 導入したシステム構成

・得意先から受領した紙又は電子データをユーザー部門の申請者がワークフローシステムを経由して証憑をアップロードする。

・紙については、申請者が証憑を添付する場合に法要件チェック（解像度、カラー、有効期限）を行う。要件チェックでクリアした証憑のみ承認者に送付される。

・ユーザー部門の承認者、経理部門の承認者が承認を実施した段階で、DataDeliveryに証憑と検索データ（日付、金額、取引先名称など）が連携され、伝票と証憑が紐付けられた形で保存される。

（3）導入の効果

・本体及びグループ会社を含めて９社に導入し、年間30万枚の紙削減、年間7,130時間以上の作業時間短縮に繋がった。

・ワークフローシステムに電子証憑をアップロードする機能を付けたことにより、押印して回覧する運用からシステムによる承認フローに変更することができた。

・業務フローの整理（担当者、内勤者）も同時に行い、結果的に在宅勤務を推進できる体制を整えることができた。

・電子帳簿保存法に対応したシステムを導入することで、スキャナ保存、電子取引、書類控えの区分における対応が図れた。また、スキャナ保存については会計監査時の対応におけるデータ整備をすることができた。

Point☑ 電子帳簿保存法対応の解説サイト

JFEシステムズでは経理・財務部門様を対象とした電子帳簿保存法対応の解説サイト『電子帳簿保存.com』（https://www.denshichoubohozon.com/）を運営しています。

法要件における早わかりガイドや税理士などのコラム・インタビューを通じて経理・財務部門の疑問や課題を解決するコンテンツを提供しています。

以上、JFEシステムズ株式会社の執筆により解説しました。

4　クラウドシステムのインボイス制度対応

クラウドシステムは、取引において発生する取引書類をデータでデリバリーするサービスです。発行する側、受領する側がユーザとなり、デジタル社会における重要なツールとなるべく様々なクラウドを活用したサービスが始まっています。

インボイス制度では適格請求書の発行を電磁的記録でもできるように措置されています。電磁的記録（データ）で発行されるインボイス（電子インボイス）により適格請求書を発行することで書面の書類よりも発行の手間やデータ活用がしやすくなり受領者側のDX化にも大きく貢献することが期待されています。

クラウドサービスでは、単に文書配信のみを行うサービスもあれば、利用システムとの連携による自動配信、データ保存などを有するサービスもあります。インボイス制度対応では、システムで活用しやすいデジタルデータであること、ユーザビリティに優れた機能を有することなどがインボイス制度対応システムの選定ポイントとなるでしょう。

①　クラウドシステムの選定のポイント（電帳法の法令要件対応での観点）

イ　電子取引データが保存され電帳法の法令要件対応されている（電子取引対応）

JIIMA認証（電子取引ソフト認証）がされていれば電帳法第７条の電子取引に係る電磁的記録の保存要件に対応しています。

ロ　他の国税関係書類データなども保存可能であること

単にクラウドシステムで授受されている取引データだけでなく、他システムで授受されている電子取引データや国税関係書類のスキャナ保存データも一元的に保存できるシステムと連携がされていれば網羅性のある文書管理が可能となります。

ハ　ワークフローシステム機能の有無や連携の仕組みがある

取引データの授受のほか、社内の承認フローが組み込まれたワークフローシステム機能があればデジタルデータを活用した業務処理が可能となります。

あるいは、クラウドシステムと別のワークフローシステムと連携されることによってもデジタルデータの活用が可能となるので、データの自動連携や活用ができるかどうかはシステムの選定のポイントとなります。

②　クラウドシステムの選定のポイント（消費税インボイス制度対応での観点）

イ　システムで活用しやすいデータとなっているか

クラウドシステムで授受されるデータは、システムで活用しやすいテキスト形式、若しくは標準化されたデジタルインボイス（JP PINT）であれば、取引先においてデータの取込みや活用がしやすくなります。

ロ　標準化されたデジタルインボイスへの変換ができるか

標準化されたデジタルインボイス（JP PINT）は、デジタル庁の認定プロバイダ（アクセスポイント）で変換されることになります。クラウドシステムにおいてこうした変換サービスがあれば、自社でデジタルインボイスに変換を行うことなく取引先に発行することができます。

ハ　登録事業者の確認

クラウドシステムで発行される請求書等について発行者の適格請求書発行事業者の登録状況をあらかじめクラウドシステムで確認を行い、登録されていることが証明されるのであれば受領者側で確認業務の手間が発生せず適正な仕入税額の処理が可能となります。

③　システムの紹介

クラウドシステムを紹介いただくのは、株式会社インフォマート取締役の木村慎様[11]です。以下、製品の内容について説明します。

11　木村慎　株式会社インフォマートの取締役及び「BtoBプラットフォーム 請求書」を中心としたバックオフィスDX推進サービス事業の執役役員を兼務

【会社概要】

株式会社インフォマートの創業はインターネット黎明期だった平成10年。「企業と企業をインターネットでつなぐ、世の中に必要とされる仕組みを作れないか」と構想を描きリリースした、フード業界のビジネスマッチングサイト『BtoBプラットフォーム 商談』に遡ります。ITの発達と共に時代のニーズに応えるサービスを拡充し、取引先との受発注業務を総合管理するシステム『BtoBプラットフォーム 受発注』、食の安全・安心を一元管理する『BtoBプラットフォーム 規格書』を提供。現在でもフード業界における浸透率、知名度は抜群です。

創業以来一貫して人と人、企業と企業を結び培ってきた、そのノウハウをもってサービス対象を全業界に拡大したのが『BtoBプラットフォーム 請求書』です。リリースは平成27年、クラウド型のデジタル請求書システムのパイオニア的な存在として、市場を牽引してきました。

『BtoBプラットフォーム 請求書』は、請求書の発行だけでなく、受取や支払金額の通知といった請求業務全体をデジタル化できるのが大きな特徴です。売り手（発行側）と買い手（受取側）、双方の企業における経理業務の作業負担を軽減しながら生産性向上、コスト削減を実現。テレワークなどの柔軟な働き方を可能にし、電子帳簿保存法に対応したペーパーレスによるCO_2排出削減効果で、環境負荷低減にも貢献します。

会社名	株式会社インフォマート
設立	平成10年２月13日
本社所在地	東京都港区海岸1-2-3汐留芝離宮ビルディング
西日本営業所	大阪府大阪市淀川区西中島6-9-27 新大阪メイコービル２階
福岡営業所	福岡県福岡市博多区博多駅前4-14-1 博多深見パークビルディング６階
代表者	代表取締役社長　中島　健
URL	https://www.infomart.co.jp/seikyu/index.asp
事業内容	・BtoB（企業間電子商取引）プラットフォームの運営
取扱製品	・請求書クラウドサービス　BtoBプラットフォーム 請求書

【製品概要】

製品名：BtoBプラットフォーム 請求書

特　徴：株式会社インフォマートが提供する請求書クラウドサービス『BtoBプラットフォーム 請求書』は、令和５年３月時点で利用企業は85万社以上、東証プライム市場上場企業利用率93%以上と、圧倒的なシェアが強みです。

日々のルーティン業務の中でも紙帳票類のやりとりは手間も時間もとられがちではあるものの、デジタル化の本質は単なる業務効率化、時短化にとどまりません。請求業務の正確性とスピードの両立は、予算・実績管理業務や決算業務、データ分析といった経営の基盤となる経理のコア業務への注力にもつながります。経営戦略や事業計画に必要な情報の提供、適切なアドバイスで経営に貢献する攻めの経理への業務変革がデジタルシフトによって実現すれば、経営の高度化、経営の変革へと波及するでしょう。

さらに企業間データのつながりの発展は、企業単体で完結せず、産業全体、社会全体の変革をもたらします。データ連携やシステム連携による業務の自動化はすでにはじまっており、今後あらゆる領域で不可逆的

図表：BtoBプラットフォーム　利用企業数と流通金額の推移

に加速していくと考えられます。

消費税インボイス制度へのシステム対応とは、ソリューションを導入して終わりではありません。四半世紀にわたり企業間の電子商取引に取り組み成長を続けているインフォマートの伴走は、デジタル化による業務改革を考える経理・財務部門にとって力強い味方となるでしょう。

導入企業の会社規模：

令和４年９月に株式会社東京商工リサーチが行った調査において、請求書クラウドサービス市場における「国内シェアNo.1」を獲得しています。大企業から中小、個人事業主まで企業規模を問わず誰でも利用できるソリューションといえるでしょう。

システム機能：

紙の請求書のやりとりでは一般的に、請求側は販売管理システムの請求データから請求書を作成・印刷し、承認フローを経て捺印、封入して郵送します。支払側は受け取った請求書を元に会計システムに入力し、承認フローを経て支払データを作成といった具合に二者間でのデータの受け渡しの間に紙が介在すると、封入・封かんの手間や郵送にかかる時間とコスト、入力ミスや紛失といったリスクを拭えません。

また、税法で保存義務のある国税関係帳簿書類を保管するための、場所や費用も必要です。過去のデータが必要になったらその膨大な書類をひっくり返して探さねばなりません。未だに多くの企業では紙の請求書による非効率な状態が、月末月初の繁忙期に業務を圧迫しています。

国税関係帳簿書類の保存にかかる負担軽減を図るために施行されて、実務にあわせて何度か改正されてきたのが電子帳簿保存法です。令和４年にスキャナ保存等の規制緩和が図られた一方で、電子取引の取引情報に係る電磁的記録の保存は、令和６年１月から義務化されます。

【システムの特性】

Point☑ 電子帳簿保存法に対応し、請求書の作成・受領業務を最大90%削減する『BtoBプラットフォーム 請求書』のしくみ

『BtoBプラットフォーム 請求書』は、請求書の「発行」と「受取」に対応し、支払金額の通知など請求書業務全体をデジタル化するのが特徴です。従来行ってきた、取引先との紙の請求書のやりとりがクラウド上でのデジタルデータのやりとりで完結。紙の書類の処理にかかっていた時間・コスト・手間をなくし、業務を効率化します。

Point☑ デジタルとアナログの組み合わせで無理なく業務改革が進む

請求業務のデジタル化には取引先の賛同が必要ですが、さまざまな事情で紙やPDFでのやりとりを希望される場合も少なくありません。『BtoBプラットフォーム 請求書』にはオプション機能が備わっており、紙の請求書を自動で発行する郵送代行サービス、受取はAI-OCRによる読み取り・デジタルデータ化の併用によって、無理なく請求書のデジタル化を進められます。保管場所が不要になるためコスト削減だけではなく、検索効率も向上、原本の紛失リスクも回避できます。

Point☑ 社内システムとの連携で手間と時間を削減

『BtoBプラットフォーム 請求書』の請求書データは、多くの販売管理システムや会計システムとスムーズに連携します。ファイル転送ツール（FTP/FTPS・HULFT）を利用した大量の請求書の自動作成・発行や、会計システムへ自動ダウンロード&インポートも可能です。月次決算が早期化され、経営判断のスピードアップにつながります。

『BtoBプラットフォーム 請求書』は、改正電子帳簿保存法第７条の「電子取引」に準拠しており、法の要件を満たしながら、国税関係帳簿書類の電子データ保存に関する多様な運用パターンに対応可能です。

Point☑ 業務効率化ツール、社内システムとの連携で経理DXを推進

『BtoBプラットフォーム 請求書』は数多くの会計・販売管理や、経費精算・債権管理システム、ワークフローシステム、データ連携ツール、ビ

図表：BtoBプラットフォーム 請求書　システムフロー（受取・発行の流れ）

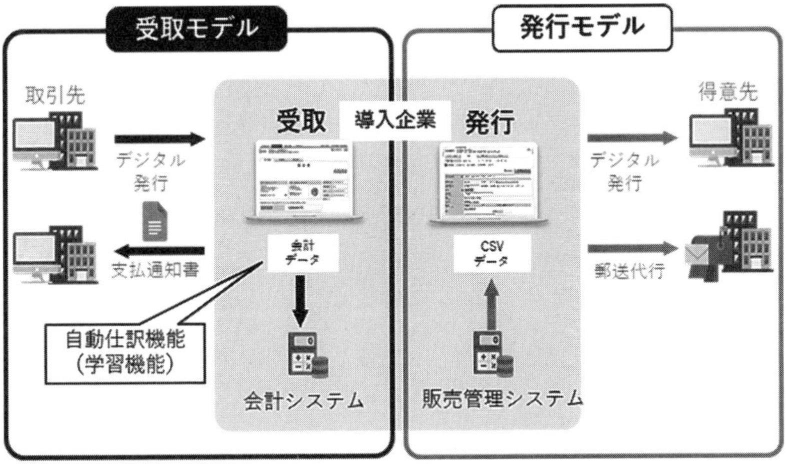

ジネスチャットツールなどの社内システム、業務効率化ツールとの連携もできます。すでに利用しているシステムのサイトにログインするだけで『BtoBプラットフォーム　請求書』とシームレスな行き来ができ、自動で請求書の発行も可能。請求書の作成や確認業務にかかる時間を削減できます。受け取った請求書はそのまま会計システムに取り込めるため、仕訳入力も不要に。さらなる業務効率・コスト削減が可能になります。

インフォマートは、多くのERPや会計・販売管理システムとのシステム連携を強化するため、『BtoBプラットフォーム　請求書』の仕様に係るデータ構造を外部連携APIにて公開しています。企業や人を結び、会社経営や社会全体の変革を目指すインフォマートのビジョンは、個社のみのはたらきかけではなく、志を同じくする業務システムベンダ各社との協業により実現します。

デジタルデータ型の業務改善システムは、API連携によってシステム同士をシームレスにつなげ、業務を自動化できる点が大きなメリットです。連携によって、単体での利用より利便性も高まります。効率化・コスト削減のためだけに、ただアナログをデジタルに置き換えるのではなく、デジタルデータを活用した業務のトランスフォーメーションに向けたシステム構築を策定していきたいものです。

システム連携にあたって、現在利用している社内システムの改修が必要になる場合は、インフォマートからのサポートが得られます。四半世紀にわたって企業と企業の間で社内業務のデジタル化をサポートしてきた実績とノウハウをもって、専任の担当者が導入前後から運用まで一緒に進めていきます。導入企業だけでなく、取引先のデジタル化へのサポート体制も充実しています。サポートに関して別途費用は一切発生せず、メンテナンスやバージョンアップは自動で行われるため、メンテナンスでの追加費用もかかりません。

図表：システム連携　BtoBプラットフォームが目指す世界

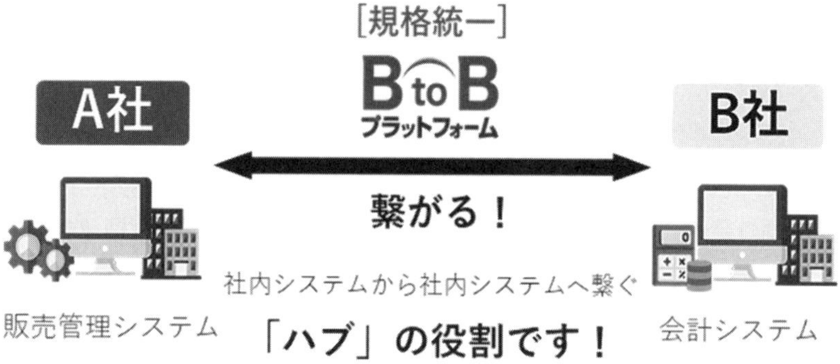

Point☑ 請求書の発行～入金消込～督促までのすべてをデジタル化する『BtoBプラットフォーム 請求書』発行機能

『BtoBプラットフォーム 請求書』の発行機能は、販売管理システムの売掛データをシステムに取り込むだけで請求書の作成作業が完了します。取引先が増えるほど負担となる、人件費・紙代・封筒代・郵送代といった発行にかかる経費も大幅に削減。取引先の請求書の開封状況は、画面上で確認可能です。支払日が近づくと支払を促すお知らせメールが自動で送信され、未回収リスクも減らせます。

また、パソコンやスマートフォン、タブレットになじみがない、インターネット環境がないといった取引先には、紙の請求書を郵送できます。1度のアップロード操作だけで、意識することなくデジタルと紙の発行が自動で選択され、郵送に費やしていた作業時間をなくします。

Point☑ 企業間の請求書発行業務に特化したオプション機能

【請求書を自動発行】

API連携やファイル転送ツール（FTP/FTPS･HULFT）の利用で、『BtoBプラットフォーム 請求書』にログインせずに、大量の電子請求書を自動で作成・発行。販売管理システムで確定した請求データを自動で取込発行するため、人的ミスをなくし大幅な業務時間短縮につながります。

【郵送代行サービス】

販売／会計管理システムの帳票データや手入力したCSVファイルをアップロードするだけで帳票が自動作成され、取引先に紙帳票として発送。ハガキ、封筒、FAXなど多彩な方法を選べます。郵送費、紙代、封筒代、印刷費、作業費が全部含まれて1通160円（税抜）～。帳票にはデジタル化の案内が書かれており、取引先はいつでも紙からデジタルへ移行できます。

【入金消込を自動化】

銀行口座からダウンロードした入金データをシステムにアップロードすることで、振込情報と会計データが突合され自動消込が実現。入金消込・督促までをデジタル化する機能です。学習機能により一度消込を行えば次回以降は自動で行われます。

Point☑ デジタル化による効率化で、月次決算の早期化を実現する『BtoBプラットフォーム 請求書』受取機能

【紙の請求書も一元管理】

取引先から紙で受け取った請求書の内容をCSVファイルでアップロードし、デジタルデータでの一元管理が可能です。請求書の社内承認状況も可視化され、会計システムへの仕訳・入力作業が効率化します。検索性にすぐれ、必要なときにすぐに取り出せて、照合作業も短時間で行えます。

※紙で受け取った請求書は、電帳法に対応していないため、原本の保管は必須です。

図表：『BtoBプラットフォーム 請求書』 発行モデル仕組み

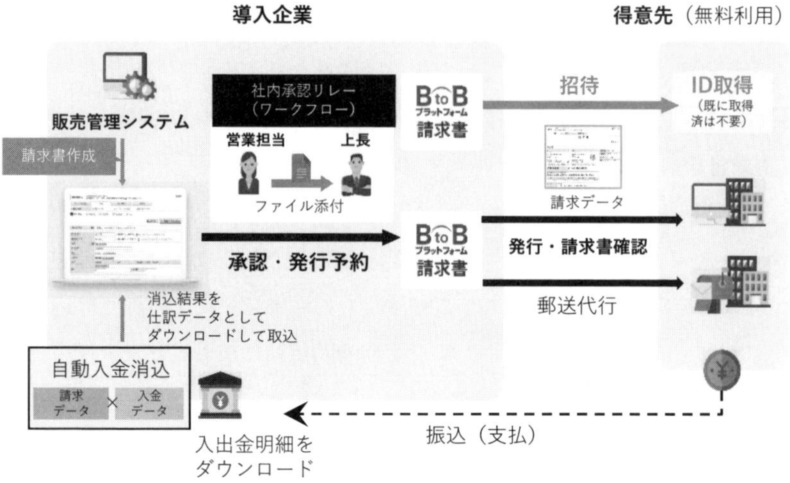

図表：『BtoBプラットフォーム 請求書』 発行モデル画面イメージ

【関連書類の添付機能】

請求書に関連する見積書・稟議書・領収書などを紐付けて保管できます。請求書と関連ファイルを一元管理することで、承認者への共有が簡単になり、ファイル探しで時間を無駄にすることもなくなります。

【会計システムへの自動取込み】

請求データの受領は、API連携が可能です。受け取った請求書のデータは会計システムへ自動ダウンロード&インポート。

手入力が不要になり、入力作業の時間・手間・コストを削減。支払い業務が簡略化されます。請求データが自動で会計システムに取り込まれ、常に最新の情報が更新されます。

【公共料金明細の自動取込み】

複数営業所・支店を展開する企業向けのオプション機能。営業所単位で発行される膨大なWeb請求明細を、１アカウントで受取、管理が可能です。

【紙・PDFの請求書をAI-OCRで電子化】

紙で届いた請求書をスキャンしてAI-OCRで自動読取し、『BtoBプラットフォーム 請求書』に集約。紙でもPDFでも請求処理に使えるデータに

図表：『BtoBプラットフォーム 請求書』受取モデル仕組み

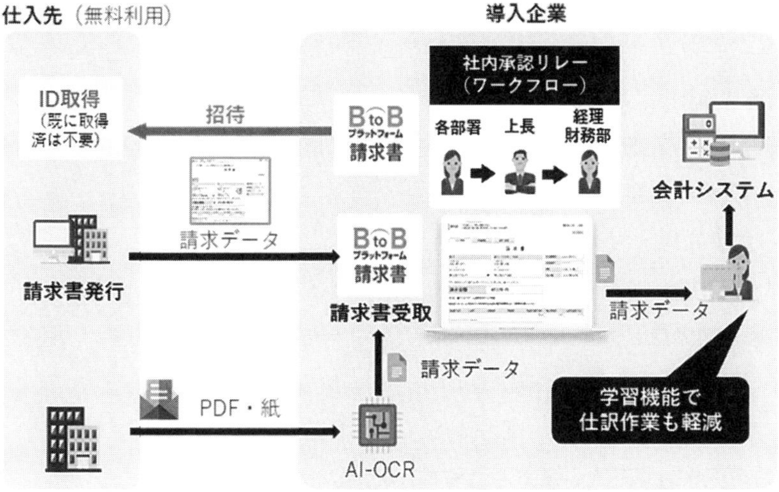

変換し、煩雑な作業を減らします。電子データによる一括管理で、検索が容易に。保管場所を気にせず運用でき、テレワークでも請求業務が可能です。

【支払通知の自動発行】

会計システムの会計データから支払通知書を自動で作成・発行。大量の通知書でも手間や時間をかけずに処理できます。取引先は通知書データをもとに請求書を簡単に作成。処理の時短で月次決算の早期化が実現します。

図表：『BtoBプラットフォーム 請求書』受取モデル画面イメージ

【導入事例】

Point☑『BtoBプラットフォーム 請求書』発行機能　導入企業事例

【導入企業概要】

大手飲料メーカー傘下の物流企業

事業内容：貨物利用運送業　荷役作業及び倉庫業　流通加工ほか

【導入前の課題】

非効率な請求書発行業務

グループ内外企業との取引が多く、請求書は受取・発行いずれも取引社数が1,000社を超え、それぞれ毎月700件近いやりとりが発生。

請求書を発行する際は、帳簿に日付と宛先を手書きし、上長の承認を得て会社印を押印。郵送前にFAXやメールで先方に内容を知らせてから原本を送付していた。９支社に数人ずついる担当者が月初４日ほどかけて処理していた。

【導入後の効果】

①　毎月約700件ある請求書の発行業務が画面上で完結、郵送作業ゼロに

発行する請求書の９割をデジタル化。残りの１割はオプション機能の「郵送代行サービス」を利用し、紙による発行作業をゼロへ。

②　作業時間は半日から１日程度短縮し、月初に集中する作業負荷を緩和

発行後は取引先へ即日請求データが届くため、先方へ事前にFAXやメールを送る作業が不要に。業務負担が大幅に軽減。

③　業務標準化を実現し、テレワークへの機運高まる

請求書発行業務のデジタル化によりテレワークや在宅勤務といった柔軟な働き方が実現。可能な業務はテレワークへという機運が他部門にも波及。

【今後の展望】

紙ベースのやりとりが多い業界ながら、請求書のデジタル化を実現できました。EC市場拡大など物流の重要性はますます高まっており、業界全体でデジタル化への取り組みは必須。請求書業務のみ、一社のみの取り組みに終わらせず、他社との協働によるロジスティクス改革を推進しています。

Point☑『BtoBプラットフォーム 請求書』受取機能　導入企業事例

【導入企業概要】

LPガス、都市ガス、電力等の総合エネルギー事業者

事業内容：各種ガス事業、電力事業、エネルギー販売システムのシェアリング事業等

【導入前の課題】

110の各部門バラバラに届く2,000件近い請求書を各拠点で基幹システムに入力、支払伝票を起票。支店に集めてから本社に配送していた。書類は

段ボール箱2箱分、2人体制で朝からチェックし残業しても間に合わず月次決算は10日過ぎ、連結決算は20日前後までかかっていた。

また、支払業務ではボンベ庫などの土地オーナーへの地代支払の場合、請求書の発行がない場合が多く、契約内容の引継ぎに課題があった。

【導入後の効果】

① 請求書のデジタルデータ化で、段ボール箱1箱分の書類を削減

一般経費の請求書の約4割超をデジタルデータで受領。段ボール箱2箱ほどあった請求書類は1箱分減った。

② 郵送や入力にかかる時間が減り、月次決算早期化が実現

データで受け取るので金額ミスがなくなり、学習機能により勘定科目入力作業も軽減。月次決算の確定は約2日、連結決算は1週間近く早まった。

③ 請求書が届かない地代の支払いは『invox（インボックス）』連携で自動化

Deepwork社の請求処理自動化サービス『invox受取請求書』で自動生成した請求データを連携、請求書の発行がなくても確実に支払い。

【今後の展望】

デジタル化率はまだ高められると思っています。請求書受取のデジタル化は社内DXへ向けた取組みのひとつです。地域社会に貢献し持続的に成長する企業であるために、今後も積極的な業務改革に取り組んでいきたいと考えています。

Point☑『BtoBプラットフォーム 請求書』導入企業　システム連携事例

【導入企業概要】

東京と大阪を拠点とするITソリューションプロバイダ企業

事業内容：DX支援・IT関連製品販売及びシステム開発と、トータル・ソリューションの提供

【導入前の課題】

締め日のある請求書は毎月400～600枚を2時間ほどかけて印刷。管理フローが不完全でヒューマンエラーのリスクがあった。締め日が請求書ご

とに異なるため支払期日を明記できず、いつ入金されるかわからない状況。タイミングによっては2か月近い支払サイトが生じていた。

都度発行する請求書はひと月700件になることも。繁忙期の月末には担当者が1日数10件、半日ずっと請求書発行業務の対応をしていた。

【導入後の効果】

①　ステータス管理の自動化が実現可能に。ヒューマンエラーがなくなる

社内確認のフローを変更し、待ちのスタンスを改善。請求書がどこでなぜとまっているのか可視化された。

②　『kintone』の連携で、煩雑な発行業務がスマートに改善

『kintone』で作成した請求管理アプリの項目をプラグインで連携し手入力ゼロへ。印刷等の手間もなくなり業務量は最大70%削減。

③　データで受け取れない取引先には『郵送代行サービス』で発行

データのアップロードだけで意識せず紙とデータで請求書を発行。送り間違えもなく履歴も残り、取引先へ確実に請求書が届く。

【今後の展望】

今後はプロセス単体ではなく、ビジネスプロセス全体が最適となるよう、フロントオフィスからバックオフィスまでシームレスにつなげていきたいです。データを活用し変化の一歩先を見据え、お客様へ最適なソリューションを提供するために新しいことに積極的に挑戦し続けます。

Point☑『BtoBプラットフォーム 請求書』導入企業　AI-OCR活用事例

【導入企業概要】

中国地方の総合ビルメンテナンス企業

事業内容：ビルメンテナンス事業、指定管理事業、健康福祉事業、学童塾運営、経営サポート他

【導入前の課題】

約30か所の各拠点で毎月約300社から550通程度の請求書を受領、一次承認の上で、5営業日以内に本社へ郵送するフロー。郵送日数がかかるため取引先にFAXで先に内容を知らせてもらうことも。本社経理での処理も支

払サイト別の分別や会計システム用のエクセルへの手入力、チェックなど５日超かかる。締め日の第10営業日に間に合わせるために月末から月初にかけて、極端に繁忙だった。

【導入後の効果】

①　AI-OCRで本社への郵送にかかる時間やコストがゼロに

請求書受取の約50％をデジタル化。残る紙の請求書は一次承認後にAI-OCRサービスへアップロード。本社への郵送はゼロに。

②　本社経理の入力作業も削減。目に見えない２日以上の削減効果

本社へ請求書を送る期限を５営業日以内⇒３営業日以内に変更。郵送にかかる時間や本社での手入力も削減しており実際の効果は２日以上。

③　発行する請求書も半数をデジタル化し３営業日目までに処理終了

本社経理で行っていた１次チェックを各拠点に任せるフローに変更。「お客様への請求に営業所が責任を持つ」という社内の意識改革にも。

【今後の展望】

電子帳簿保存法の電子取引の保存義務化に関しては、『BtoBプラットフォーム 請求書』及び『invox受取請求書』で負荷なく対応でき、導入していてよかったです。今後も常に変化し成長し続ける会社として、デジタル化による業務改革に取り組んでいければと思っています。

Point☑【消費税インボイス制度対応】

『BtoBプラットフォーム 請求書』によるインボイス制度への対応

令和５年10月１日から始まる「適格請求書等保存方式」（インボイス制度）は、請求書の発行側と受取側、双方に影響をもたらします。

発行側は適格請求書（インボイス）の交付が法律上の義務となり、適格請求書発行事業者の登録番号を含め、適格請求書の要件を満たす項目の記載が必要です。また、インボイスの写しの保管が義務化されます。

受取側では適格請求書発行事業者の登録番号が正しいかチェックし、インボイスを交付しない免税事業者は消費税の控除ロジックを区別した経理処理が必要です。また、適格請求書の保存が仕入税額控除の要件となります。経理業務の負担増は確実ですが、システムの導入によって請求書をデジタル化することで負担の軽減をはかれます。

『BtoBプラットフォーム 請求書』は、インボイス制度開始までに適格請求書等保存方式、適格返還請求書などに対応したシステムリリースを予定しています。課税・免税事業者に関わらず、いずれも利用可能です。

Point☑ 【インボイスの発行】適格請求書発行事業者の登録番号

システム内に「適格請求書発行事業者の登録番号」を保持し、発行する請求書・通知書への表示が可能になります。

Point☑ 【インボイスの発行】インボイス制度対応の税率・税区分情報を表示

① 税率・税区分毎の対価の額が表示できます

② 明細毎に税率・税区分が表示できます

Point☑ 【インボイスの受取】「適格請求書発行事業者の登録番号」の確認

受け取った請求書の登録番号をクリックすると、事業者登録番号に紐付いた国税庁の事業者情報を参照できます。

Point☑ 会計システムに連携可能なデータ形式

『BtoBプラットフォーム 請求書』から会計システムに対応したデータをダウンロードできるようになります。

図表：『BtoBプラットフォーム 請求書』のインボイス制度における主な対応内容
インボイスの発行

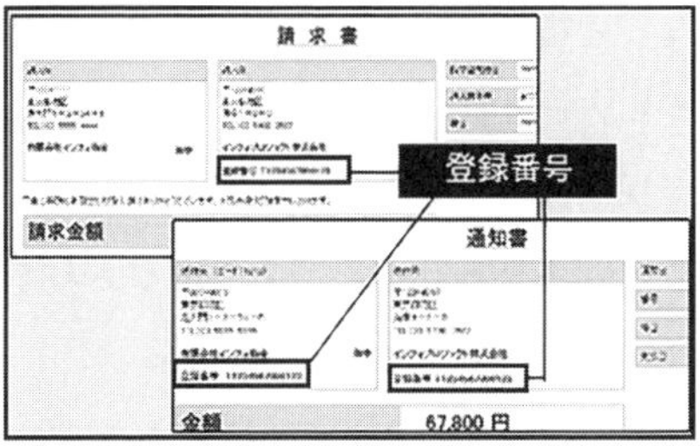

登録番号

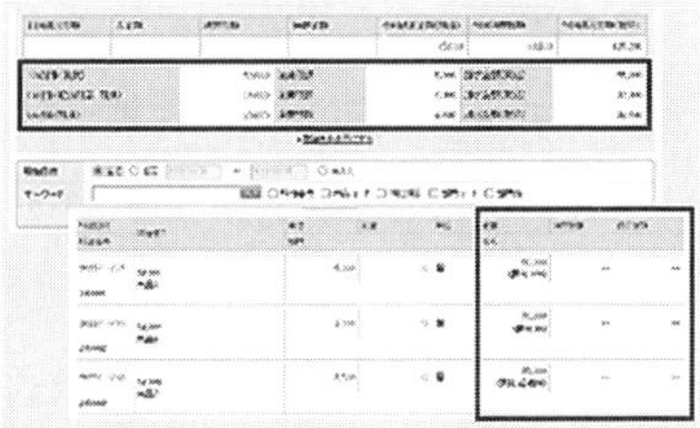

インボイス制度対応の税率・税区分情報を表示

Point☑ デジタルインボイスの国内標準規格「JP PINT」導入でさらに負担減も

インボイスの受取

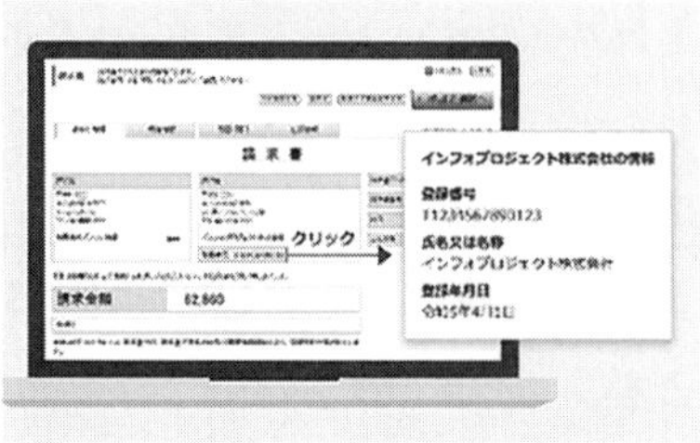

「適格請求書発行事業者の登録番号」の確認

会計システムに連携可能なデータ形式

日本の消費税にあたる付加価値税を導入している欧州諸国の多くはすでにインボイス制度を導入しています。その際、紙のインボイスに起因する事業者のコスト負担が大きな問題となり、デジタルインボイスへの転換が進められました。欧州諸国の先例を鑑みても、日本のインボイス制度はデジタルインボイスを想定した導入が望ましいと考えられています。

インボイス制度による社会的コストの最小化を図るため、デジタルインボイス・システムの構築を目指し発足したのが、業務システムベンダなど10社が設立発起人となったEIPA（エイパ：デジタルインボイス推進協議会）です。インフォマートはEIPAの幹事法人として商取引全体のデジタル化と生産性向上の貢献を目指し協議を重ねてきました。そのひとつが官民で策定を進めた国内のデジタルインボイス標準仕様の策定です。

受発注や請求にかかるインボイスなどの電子文書をネットワーク上でやり取りするための「文書仕様」「ネットワーク」「運用ルール」について、欧州各国をはじめ、世界30か国以上で採用されているグローバルな標準規格が「Peppol（ペポル）」。日本ではPeppolネットワークでやり取りされるデジタルインボイスの標準仕様「JP PINT」が策定されています。

『BtoBプラットフォーム 請求書』も、「JP PINT」に準拠したデジタルインボイスの送受信ができるよう、対応を進めています。他の請求書サービスと接続する場合には、「JP PINT」に対応したシステムであれば、Peppolネットワークを経由した送受信が可能になります。

「JP PINT」の導入は請求業務を標準化し、業務効率化やコスト削減に加え、支払い状況のリアルタイム把握といったメリットが想定されます。

Point☑ 『BtoBプラットフォーム 請求書』は月額２万円～＋初期費用で利用可能

受取・発行ともに、取引先は無料で利用できます。

契約は企業単位、月額料金に「保守・サポート費」を含みます。また、契約プラン・通数に応じて、追加料金が、オプションサービスの利用にも別途費用が発生します。

図表：『BtoBプラットフォーム 請求書』利用者間のデジタルインボイス送受信のイメージ

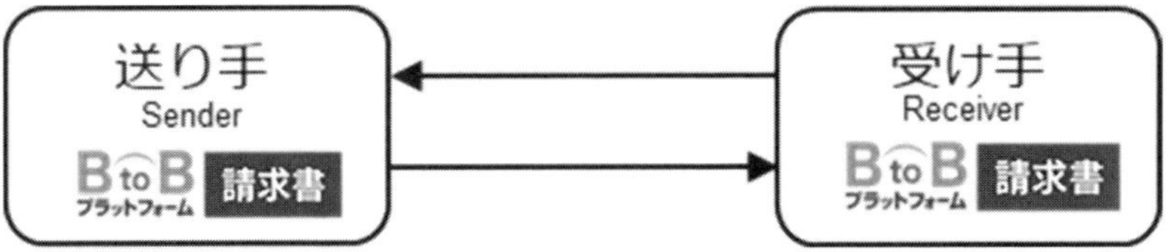

図表：『BtoBプラットフォーム 請求書』利用者以外とのJP PINTに準拠したデジタルインボイス送受信のイメージ

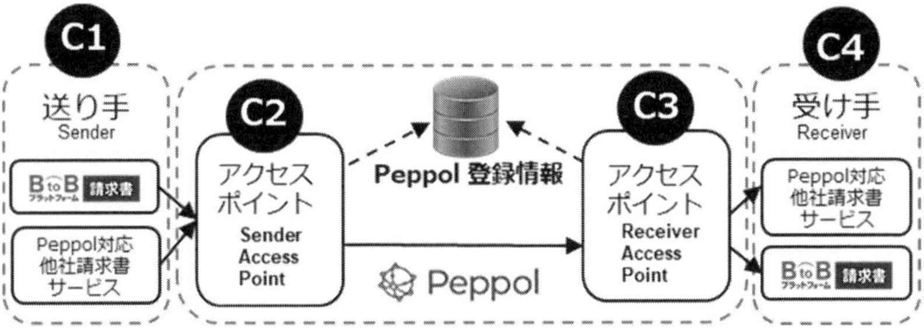

Point☑ インボイス対応は電子帳簿保存への対応と両輪でデジタル化を

インボイス制度がデジタルインボイスの交付を前提とした仕組みである

図表：BtoBプラットフォーム 請求書　料金体系（月額利用料）

<table>
<tr><th colspan="2" rowspan="2">料金区分</th><th colspan="2">有料プラン</th><th>オプション機能</th></tr>
<tr><th>受取機能</th><th>発行機能・
通知書機能</th><th>Invox受取請求書</th></tr>
<tr><td rowspan="2">月額利用料</td><td>基本料</td><td colspan="2">20,000円</td><td>ベーシック：9,800円
プロフェッショナル：
29,800円</td></tr>
<tr><td>追加料</td><td>【請求書受取通数】
★ 50通までは基本料に含まれます。
51～1000通
・・・100円／通
1001通～
・・・90円／通</td><td>【請求書・通知書発行通数】
★ 100通までは基本料に含まれます。
101～1000通
・・・60円／通
1001通～
・・・50円／通</td><td>【データ処理件数】
オペレーター補正なし
・・・50円
オペレーター確認あり
・・・100円</td></tr>
</table>

※料金表示は令和5年3月現在のものです（すべて税抜）。詳細はお問い合わせください。

ことは、これまで解説してきたとおりです。システム選定の際には、インボイスの保存方法も検討しておきましょう。電子取引のデータ保存は、電子帳簿保存法の要件を満たす必要があるからです。公益社団法人日本文書情報マネジメント協会（JIIMA）による、JIIMA認証を受けた製品は電子帳簿保存法の法的要件を満たしているので、検討する上での目安になります。『BtoBプラットフォーム 請求書』は、JIIMA認証における「電子取引ソフト法的要件認証制度」の第１号認証を取得しています。

Point☑『BtoBプラットフォーム』シリーズが描く今後の展望

システム導入、業務デジタル化のきっかけがインボイス制度や電子帳簿保存法への対応のためだったとしても、本来のデジタルシフトとは、何かツールをひとつ導入して終わりではありません。自社のみで完結しない「Peppolネットワーク」の登場によって業務単体、企業単体ではなく、産業全体のデジタルシフトが可能となりました。

デジタルインボイスの活用によって、企業と企業の間の請求、支払業務、その後の社内プロセスである会計・税務の業務までデジタルデータでつながれば、バックオフィス業務全体が効率化します。さらに、請求業務の前段階プロセスの契約や受発注のデジタル化にもつながるでしょう。『BtoB

プラットフォーム』シリーズも、時代のニーズに応え先端技術を取り入れながら、現在８つのサービスを展開。企業間取引、商行為全体のデジタル化が進むことで生まれる新しい価値、ベネフィットの実現こそ真のデジタルによるトランスフォーメーションのはじまりです。

インフォマートが創業以来25年以上、企業間商取引のデジタル化に取り組み続け描いてきた世界が今、実現可能な未来として近づいてきました。自社の利潤を超えた社会的価値・存在意義を追求し、同業他社とも協働してこそ実現する社会変革です。デジタルでつながる、その先に待つまだ見ぬ世界への招待状が『BtoBプラットフォーム 請求書』なのです。

図表：『BtoBプラットフォーム』シリーズ ラインナップ

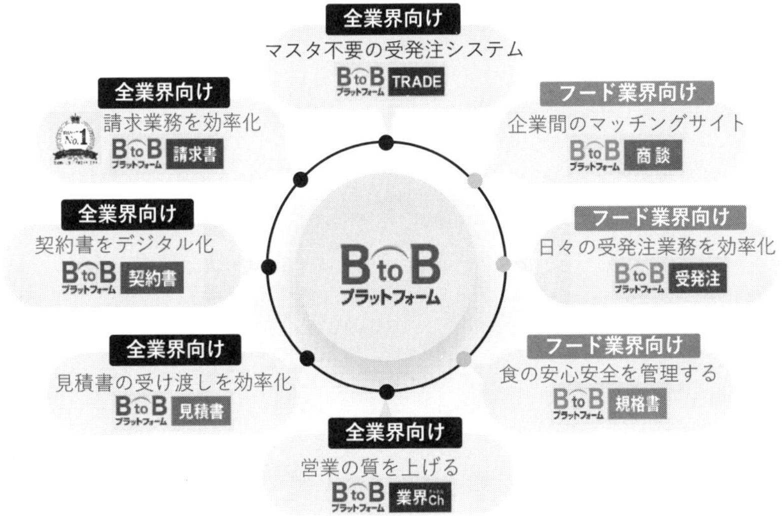

令和５年３月時点の情報です。詳しくはお問い合わせください。

以上、株式会社インフォマートの執筆により解説しました。

【巻末資料】

1．JIIMA認証製品一覧（2023年３月末現在の認証製品）

JIIMA認証：電子帳簿ソフト法的要件認証製品一覧

※　2023年３月末現在の認証製品

パターン１（作成・保存）

認証番号	ソフトウェア名称	バージョン	メーカー	主製品/派生製品	認証有効期限
100100-01	戦略財務情報システム（FX2）	2018年12月版	株式会社TKC	主製品	2025年２月24日
100101-01	・建設業用会計情報データベース（DAIC2）	2018年10月版	株式会社TKC	・派生-1	2025年２月24日
100102-01	・建設業用会計情報データベース（DAIC3クラウド）	2018年10月版	株式会社TKC	・派生-2	2025年２月24日
100103-01	・統合型会計情報システム（FX4クラウド）	2018年10月版	株式会社TKC	・派生-3	2025年２月24日
100104-01	・統合型会計情報システム（FX5）	2018年12月版	株式会社TKC	・派生-4	2025年２月24日
100105-01	・e21まいスター	2018年12月版	株式会社TKC	・派生-5	2025年２月24日
100106-01	・e21まいスター個人事業用	2018年12月版	株式会社TKC	・派生-6	2025年２月24日
100107-01	・戦略財務情報システム（FX2個人事業用）	2018年12月版	株式会社TKC	・派生-7	2025年２月24日
100108-01	・FX農業会計	2018年10月版	株式会社TKC	・派生-8	2025年２月24日
100109-01	・FX農業会計（個人事業用）	2018年10月版	株式会社TKC	・派生-9	2025年２月24日
100110-01	・医業会計データベース（MX2）	2018年10月版	株式会社TKC	・派生-10	2025年２月24日
100111-01	・MX3クラウド	2018年10月版	株式会社TKC	・派生-11	2025年２月24日
100112-01	・FX4クラウド（公益法人会計用）	2018年２月版	株式会社TKC	・派生-12	2025年２月24日

認証番号	ソフトウェア名称	バージョン	メーカー	主製品/派生製品	認証有効期限
100113-01	・FX4クラウド（社会福祉法人会計用）	2018年7月版	株式会社TKC	・派生-13	2025年2月24日
100114-01	・FX2クラウド	―	株式会社TKC	・派生-14	2025年2月24日
100115-01	・FXまいスタークラウド	―	株式会社TKC	・派生-15	2025年2月24日
100116-01	・FX2クラウド（個人用）	―	株式会社TKC	・派生-16	2025年2月24日
100117-01	・FXまいスタークラウド（個人用）	―	株式会社TKC	・派生-17	2025年2月24日
100200-01	戦略販売・購買情報システム(SX2)	2018年6月版	株式会社TKC	主製品	2025年2月24日
100201-01	・戦略販売・購買情報システム（SX4クラウド）	2018年6月版	株式会社TKC	・派生-1	2025年2月24日
100202-01	・税理士報酬管理システム（FMS）	2016年12月版	株式会社TKC	・派生-2	2025年2月24日
100300-00	財務処理db	―	日本ICS株式会社	主製品	2025年3月22日
100400-00	MA1	V19.03.00	ソリマチ株式会社	主製品	2022年6月28日
100401-00	・みんなの青色申告	V20.00.00	ソリマチ株式会社	・派生-1	2022年6月28日
100402-00	・会計王	V20.00.00	ソリマチ株式会社	・派生-2	2022年6月28日
100500-00	HUE Classic・HUE シリーズ（旧 COMPANY·HUE シリーズ）	Version3.6	株式会社ワークスアプリケーションズ	主製品	2022年11月1日
100600-00	CASH RADAR PBシステム ダーウィン版	―	株式会社エヌエムシイ	主製品	2022年11月1日
100700-00	弥生会計20、やよいの青色申告20	26.0.1	弥生株式会社	主製品	2022年12月20日

認証番号	ソフトウェア名称	バージョン	メーカー	主製品/派生製品	認証有効期限
100701-00	・弥生会計21、やよいの青色申告21	27.0.1	弥生株式会社	・派生-1	2022年12月20日
100702-00	・弥生会計22、やよいの青色申告22	28.0.1	弥生株式会社	・派生-2	2022年12月20日
100800-00	農業簿記	11	ソリマチ株式会社	主製品	2023年2月28日
100801-00	・農業簿記　JAバージョン	11	ソリマチ株式会社	・派生-1	2023年2月28日
100900-00	ACELINK NX-Pro 会計大将	Ver.1.72	株式会社ミロク情報サービス	主製品	2023年2月28日
100901-00	・ACELINK NX-CE　会計	Ver.1.58	株式会社ミロク情報サービス	・派生-1	2023年2月28日
100902-00	・Galileopt NX-Plus　財務大将	Ver.1.04	株式会社ミロク情報サービス	・派生-2	2023年2月28日
100903-00	・MJSLINK NX-Plus　財務大将	Ver.1.06	株式会社ミロク情報サービス	・派生-3	2023年2月28日
100904-00	・MJSLINK DX財務大将	Ver.1.00	株式会社ミロク情報サービス	・派生-4	2023年2月28日
101000-00	SuperStream-NX　統合会計	Ver 2.2.0	スーパーストリーム株式会社	主製品	2023年2月28日
101100-00	やるぞ！青色申告	2021年版	株式会社リオ	主製品	2023年8月28日
101200-00	財務顧問 R4 Professional	Ver.20.10	セイコーエプソン株式会社	主製品	2023年9月8日
101201-00	・IKX財務会計R4	Ver.20.10	セイコーエプソン株式会社	・派生-1	2023年9月8日
101202-00	・財務顧問 R4 Basic	Ver.20.15	セイコーエプソン株式会社	・派生-2	2023年9月8日
101203-00	・財務応援 R4 Premium	Ver.20.10	セイコーエプソン株式会社	・派生-3	2023年9月8日

認証番号	ソフトウェア名称	バージョン	メーカー	主製品/派生製品	認証有効期限
101204-00	・財務応援 R4 Lite+	Ver.20.15	セイコーエプソン株式会社	・派生-4	2023年9月8日
101205-00	・Weplat財務応援 R4 Premium	Ver.20.10	セイコーエプソン株式会社	・派生-5	2023年9月8日
101206-00	・Weplat財務応援 R4 Lite+	Ver.20.15	セイコーエプソン株式会社	・派生-6	2023年9月8日
101207-00	・Weplat財務応援 R4 Lite	Ver.20.15	セイコーエプソン株式会社	・派生-7	2023年9月8日
101208-00	・Weplat財務応援 R4 Lite for IKX	Ver.20.15	セイコーエプソン株式会社	・派生-8	2023年9月8日
101300-00	戦略情報会計システム OPEN21 SIAS	Ver.20200801	株式会社ICSパートナーズ	主製品	2023年11月2日
101400-00	会計職人 法人版	Ver 7.4	SaSa工房株式会社	主製品	2023年11月23日
101500-00	会計職人 個人事業版	Ver 7.4	SaSa工房株式会社	主製品	2023年11月23日
101600-00	ブルーリターンA	20.A0.02.001	株式会社ゼンアオイロ	主製品	2023年11月23日
101700-00	SMILE V 会計	Ver.1	株式会社OSK	主製品	2024年1月13日
101701-00	・SMILE V Air 会計	Ver.1	株式会社OSK	・派生-1	2024年1月13日
101800-00	PCA 会計シリーズ (旧;PCA会計DX)	Ver1.00-5.01	ピー・シー・エー株式会社	主製品	2024年7月26日
101801-00	・PCA hyper 会計シリーズ (旧;PCA会計hyper)	Ver1.00-5.01	ピー・シー・エー株式会社	・派生-1	2024年7月26日
101802-00	・経理じまんDX	Ver1.00-5.01	ピー・シー・エー株式会社	・派生-2	2024年7月26日
101803-00	・PCA 公益法人会計シリーズ (旧;PCA公益法人会計DX)	Ver1.00-5.01	ピー・シー・エー株式会社	・派生-3	2024年7月26日

認証番号	ソフトウェア名称	バージョン	メーカー	主製品/派生製品	認証有効期限
101804-00	・PCA 社会福祉法人会計シリーズ（旧；PCA社会福祉法人会計DX）	Ver1.00-5.01	ピー・シー・エー株式会社	・派生-4	2024年7月26日
101805-00	・PCA 医療法人会計シリーズ（旧；PCA医療法人会計DX）	Ver1.00-5.01	ピー・シー・エー株式会社	・派生-5	2024年7月26日
101806-00	・PCA 建設業会計シリーズ（旧 PCA建設業会計DX）	Ver1.00-6.00	ピー・シー・エー株式会社	・派生-6	2024年7月26日
101807-00	・PCA 個別原価会計シリーズ（旧 PCA個別原価会計DX）	Ver1.00-6.00	ピー・シー・エー株式会社	・派生-7	2024年7月26日
101900-00	ProActive会計帳簿検索ソリューション	・E2　Ver7.3 ・会計帳簿検索ソリューション Ver2.1.6	SCSK株式会社	主製品	2024年9月6日
102000-00	Biz∫（ビズインテグラル）	会計2	株式会社NTTデータ・ビズインテグラル	主製品	2024年11月2日
102100-00	キーパー財務	12.0.0	株式会社シスプラ	主製品	2024年11月2日
102200-00	TACTiCS財務	Ver13.0.0	全国税理士データ通信協同組合連合会	主製品	2025年2月15日
102300-00	SystemBox会計　Ver.10	Ver.10.5	株式会社エヌ・テー・シー	主製品	2025年3月22日
102400-00	mcframeGA	12.1.0	ビジネスエンジニアリング株式会社	主製品	2025年4月22日
102500-00	建設クラウド	V1.1.0	日本電気株式会社	主製品	2025年5月20日
102600-00	GLOVIA SUMMIT	V7	富士通Japan株式会社	主製品	2025年5月20日
102601-00	GLOVIA SUMMIT クラウド	V7	富士通Japan株式会社	派生-1	2025年5月20日
102700-00	GLOVIA iZ 会計	V1	富士通Japan株式会社	主製品	2025年5月20日
102701-00	GLOVIA iZ 会計 クラウド	V1	富士通Japan株式会社	派生-1	2025年5月20日

認証番号	ソフトウェア名称	バージョン	メーカー	主製品/派生製品	認証有効期限
102800-00	建設・工事業ERPシステム PRO-CES.S	Ver.6	株式会社内田洋行ITソリューションズ	主製品	2025年6月28日
102900-00	勘定奉行クラウド	—	株式会社オービックビジネスコンサルタント	主製品	2025年6月28日
103000-00	PCA 商魂・商管シリーズ（旧：PCA商魂・商管DX）＋PCA会計シリーズ（旧：PCA会計DX）	Ver1.00-6.10＋Ver1.00-5.01	ピー・シー・エー株式会社	主製品	2025年9月12日
103100-00	ProActive C4	1.0.0	SCSK株式会社	主製品	2025年9月12日
103200-00	学校法人会計管理システム（TOMAS-PS7 会計・固定資産）	2021/11/30版	株式会社シティアスコム	主製品	2025年9月12日
103300-00	GLOVIA　きらら　会計　V02	V02L40	富士通Japan株式会社	主製品	2025年9月30日
103301-00	GLOVIA　きらら　会計　V02クラウド	V02L40	富士通Japan株式会社	・派生-1	2025年9月30日
103400-00	スーパーカクテルCore会計	V10.6	株式会社内田洋行	主製品	2025年10月14日
103500-00	Advanced Cloud ADempiere	ADempiere3.7	ハマゴムエイコム株式会社	主製品	2025年10月14日
103600-00	クラウドERPシステム「スマイルワークス」／会計ワークス	—	株式会社スマイルワークス	主製品	2025年10月14日
103700-00	ZeeM会計	ZeeM会計 1. 2.3030.1	株式会社クレオ	主製品	2025年11月1日
103800-00	ジョブカンDesktop会計	Ver.17.3.1	株式会社ジョブカン会計	主製品	2025年11月1日
103801-00	ジョブカンDesktop青色申告	Ver.17.3.1	株式会社ジョブカン会計	・派生-1	2025年11月1日
103900-00	大蔵大臣NX	4.07	応研株式会社	主製品	2025年11月1日
103901-00	医療大臣NX	4.08	応研株式会社	・派生-1	2025年11月1日

認証番号	ソフトウェア名称	バージョン	メーカー	主製品/派生製品	認証有効期限
103902-00	建設大臣NX	4.09	応研株式会社	・派生-2	2025年11月1日
103903-00	大蔵大臣 個別原価版NX	4.09	応研株式会社	・派生-3	2025年11月1日
104000-00	福祉の森 Ver.3　新財務会計システム	7.7.0	株式会社日立システムズ	主製品	2025年1月23日
104100-00	パワフル会計「公益」	Ver.8	株式会社サクセス	主製品	2026年2月28日

パターン2（保存）

認証番号	ソフトウェア名称	※バージョン	メーカー	主製品/派生製品	認証有効期限
200100-00	Data Delivery	Ver.5.3.0.1	JFEシステムズ株式会社	主製品	2022年4月23日
200100-01	Data Delivery	5.3.0.1	JFEシステムズ株式会社	主製品	2025年2月24日
200200-00	活文 Report Manager	10月7日	株式会社日立ソリューションズ	主製品	2022年6月28日
200300-00	Paples	ver.5.2	日鉄日立システムエンジニアリング株式会社	主製品	2022年12月20日
200400-00	PandoraClimber	Ver.4.0.0	株式会社エヌ・ティ・ティ・データ・ビジネスブレインズ	主製品	2022年12月20日
200401-00	・ClimberCloud	－	株式会社エヌ・ティ・ティ・データ・ビジネスブレインズ	・派生-1	2022年12月20日
200500-00	e-image	Ver4.15	三菱電機ITソリューションズ株式会社	主製品	2023年6月18日
200501-00	・e-image +Plus	Ver4.16	三菱電機ITソリューションズ株式会社	派生-1	2023年9月18日
200600-00	Dr.Sum	Ver5.5	ウイングアーク1st株式会社	主製品	2024年4月5日

認証番号	ソフトウェア名称	※バージョン	メーカー	主製品/派生製品	認証有効期限
200601-00	· Dr.Sum Cloud	—	ウイングアーク１st株式会社	· 派生-1	2024年４月５日
200700-00	· ふくろう販売	ver.2	アステム株式会社	主製品	2025年２月24日
200701-00	· ふくろうレンタル	ver.2	アステム株式会社	派生-1	2025年２月24日
200702-00	· ふくろう建機レンタル	ver.2	アステム株式会社	派生-2	2025年２月24日
200703-00	· ふくろう仮設資材レンタル	ver.2	アステム株式会社	派生-3	2025年２月24日
200704-00	· ふくろう鋼材	ver.2	アステム株式会社	派生-4	2025年２月24日
200705-00	· ふくろう食品	ver.2	アステム株式会社	派生-5	2025年２月24日
200800-00	Fileforce	—	ファイルフォース株式会社	主製品	2025年６月28日
200900-00	InfoFrame Dr.Sum EA	Ver.5.6	日本電気株式会社	主製品	2025年１月23日
201000-00	快速サーチャー GX	4.7	株式会社インテック	主製品	2026年２月28日

JIIMA認証：電子書類ソフト法的要件認証製品一覧
※　2023年３月末現在の認証製品

パターン１：決算関係書類

認証番号	ソフトウェア名称	バージョン	メーカー	主製品/派生製品	認証有効期限
300100-00	FX2クラウド	全バージョン	株式会社TKC	主製品	2024年５月25日
300101-00	・FXまいスタークラウド	全バージョン	株式会社TKC	・派生-1	2024年５月25日
300200-00	PCA 会計シリーズ（旧 PCA会計DX）	Ver1.00-5.01	ピー・シー・エー株式会社	主製品	2024年８月13日
300201-00	・PCA hyper 会計シリーズ（旧 PCA会計hyper）	Ver1.00-5.01	ピー・シー・エー株式会社	・派生-1	2024年８月13日
300202-00	・経理じまんDX	Ver1.00-5.01	ピー・シー・エー株式会社	・派生-2	2024年８月13日
300203-00	・PCA公益法人会計シリーズ（旧 PCA公益法人会計DX）	Ver1.00-5.01	ピー・シー・エー株式会社	・派生-3	2024年８月13日
300204-00	・PCA社会福祉法人会計シリーズ（旧 PCA社会福祉法人会計DX）	Ver1.00-5.01	ピー・シー・エー株式会社	・派生-4	2024年８月13日
300205-00	・PCA医療法人会計シリーズ（旧 PCA医療法人会計DX）	Ver1.00-5.01	ピー・シー・エー株式会社	・派生-5	2024年８月13日
300206-00	・PCA建設業会計シリーズ（旧 PCA建設業会計DX）	Ver1.00-6.00	ピー・シー・エー株式会社	・派生-6	2024年８月13日
300207-00	・PCA個別原価会計シリーズ（旧 PCA個別原価会計DX）	Ver1.00-6.00	ピー・シー・エー株式会社	・派生-7	2024年８月13日
300300-00	マネーフォワードクラウド会計Plus	–	株式会社マネーフォワード	主製品	2024年９月14日
300400-00	建設・工事業ERPシステム PROCES.S	Ver.6	株式会社内田洋行ITソリューションズ	主製品	2025年７月14日
300500-00	勘定奉行クラウド	–	株式会社オービックビジネスコンサルタント	主製品	2025年８月１日

認証番号	ソフトウェア名称	バージョン	メーカー	主製品/派生製品	認証有効期限
300600-00	mcframeGA	14.1.0	ビジネスエンジニアリング株式会社	主製品	2026年3月23日

パターン2：取引関係書類（作成・保存）

認証番号	ソフトウェア名称	※バージョン	メーカー	主製品/派生製品	認証有効期限
400100-01	戦略販売·購買情報システム(SX2)	2018年6月版以降	株式会社TKC	主製品	2025年5月9日
400101-01	・戦略販売・購買情報システム（SX4クラウド）	2018年6月版以降	株式会社TKC	・派生-1	2025年5月9日
400102-01	·税理士報酬管理システム（FMS）	2016年12月版以降	株式会社TKC	・派生-2	2025年5月9日
400200-00	マネーフォワードクラウド請求書Plus（旧マネーフォワードクラウド債権請求）	−	株式会社マネーフォワード	主製品	2024年9月14日
400300-00	MakeLeaps	−	メイクリープス株式会社	主製品	2025年5月27日
400301-00	MakeLeaps for Salesforce	−	メイクリープス株式会社	派生製品	2025年5月27日
400400-00	楽々ProcurementII	Ver 9.0.0	住友電工情報システム株式会社	主製品	2025年5月27日
400401-00	楽々ProcurementII Cloud	Ver 9.0.0	住友電工情報システム株式会社	派生製品	2025年5月27日
400500-00	建設・工事業ERPシステム PROCES.S	Ver.6	株式会社内田洋行ITソリューションズ	主製品	2025年7月14日
400600-00	請求管理ロボ	Ver1.63.0	株式会社ROBOT PAYMENT	主製品	2025年9月16日
400700-00	PCA 商魂・商管シリーズ（旧：PCA商魂・商管DX）	Ver1.00-6.10	ピー・シー・エー株式会社	主製品	2025年10月25日
400800-00	リーテックスデジタル契約	ver1.0	リーテックス株式会社	主製品	2025年12月26日

認証番号	ソフトウェア名称	※バージョン	メーカー	主製品/派生製品	認証有効期限
400900-00	mcframeGA	14.1.0	ビジネスエンジニアリング株式会社	主製品	2026年３月23日

パターン３：取引関係書類（保存）

認証番号	ソフトウェア名称	※バージョン	メーカー	主製品/派生製品	認証有効期限
500100-00	DataDelivery	Ver 5.5.1.2	JFEシステムズ株式会社	主製品	2024年５月25日
500200-00	Dr.Sum	Ver.5.5	ウイングアーク１st株式会社	主製品	2024年６月26日
500201-00	· Dr.Sum Cloud	－	ウイングアーク１st株式会社	派生製品	2024年６月26日
500300-00	マネーフォワードクラウドBOX	－	株式会社マネーフォワード	主製品	2024年９月14日
500400-00	SPA	Ver. 10.5	ウイングアーク１st株式会社	主製品	2024年10月25日
500401-00	SPA Cloud	Ver. 10.5.0.1	ウイングアーク１st株式会社	派生製品	2024年10月25日
500500-00	WWDS証憑アーカイブスタンダード	Ver 1.7.5	株式会社ハイパーギア	主製品	2025年１月21日
500600-00	ArcSuite	4	富士フイルムビジネスイノベーション株式会社	主製品	2025年５月９日
500700-00	DocuShare	7.5	富士フイルムビジネスイノベーション株式会社	主製品	2025年５月９日
500800-00	Working Folder　エビデンス管理オプション	－	富士フイルムビジネスイノベーション株式会社	主製品	2025年５月９日
500900-00	ReportFiling	6.3以降	NECソリューションイノベータ株式会社	主製品	2025年５月27日
501000-00	ビズラク電帳法対応ストレージ	8.0.0	株式会社エヌ・ティ・ティ・データ・イントラマート	主製品	2025年７月14日

認証番号	ソフトウェア名称	※バージョン	メーカー	主製品/派生製品	認証有効期限
501100-00	あんしんエビデンス管理(OnBase)	初版	株式会社PFU	主製品	2025年8月1日
501101-00	あんしんエビデンス管理(Hyland Cloud)	初版	株式会社PFU	派生製品	2025年8月1日
501200-00	あんしんエビデンス管理（Box）	初版	株式会社PFU	主製品	2025年8月1日
501300-00	Paples	ver.5.2	日鉄日立システムエンジニアリング株式会社	主製品	2025年8月23日
501400-00	MyQuickクラウド	V8.6	インフォコム株式会社	主製品	2025年8月23日
501500-00	あんしんエビデンス管理(SharePoint Online)	初版	株式会社PFU	主製品	2025年10月25日
501600-00	証憑管理サービス	−	弥生株式会社	主製品	2025年11月16日
501700-00	SFS Lite PLUS	V4.5.0.0	立山科学株式会社	主製品	2025年11月16日
501800-00	Spenmo	1	スペンモ・テクノロジー・ジャパン株式会社	主製品	2026年2月14日
501900-00	文書管理システム Papion Web	第1.1版	株式会社NXワンビシアーカイブズ	主製品	2026年3月6日
502000-00	RM-Expert Light	Version 1.3	NRMホールディングス株式会社	主製品	2026年3月23日

JIIMA認証：スキャナ保存ソフト法的要件認証製品一覧

※ 2023年３月末現在の認証製品

認証番号	ソフトウェア名称	※バージョン	メーカー	主製品/派生製品	審査基準法令年度	認証有効期限	用途種別
000100-01	WWDS証憑アーカイブスタンダード	Ver.1.7.5	株式会社ハイパーギア	主製品	令和３年度	2025年１月28日	文書管理システム
000200-01	ArcSuite（旧：ArcSuite Engineering）	4	富士フイルムビジネスイノベーション株式会社	主製品	令和３年度	2025年４月22日	文書管理システム
000300-01	DocuShare	7.5	富士フイルムビジネスイノベーション株式会社	主製品	令和３年度	2025年４月22日	文書管理システム
000400-01	インボイス・マネジャー（旧 TKC証憑ストレージサービス）	2016年６月版	株式会社TKC	主製品	令和３年度	2025年２月24日	文書管理システム
000500-00	Ridoc Smart Navigator V2	V2	リコージャパン株式会社	主製品	平成27年度	2025年３月31日	文書管理システム
000700-01	快速サーチャー GX	4.5	株式会社インテック	主製品	令和３年度	2025年５月29日	文書管理システム
000701-00	快速サーチャー GX クラウドサービス	4.5	株式会社インテック	・派生-1	令和３年度	2025年５月29日	DB型電子帳票システム
000800-01	マネーフォワード クラウド経費	−	株式会社マネーフォワード	主製品	令和３年度	2025年７月20日	経費精算＋証憑管理システム
000801-01	マネーフォワード クラウド債務支払	−	株式会社マネーフォワード	・派生-1	令和３年度	2025年７月20日	請求書処理＋証憑管理システム
000900-01	ReportFiling	１月６日	NECソリューションイノベータ株式会社	主製品	令和３年度	2025年４月22日	文書管理システム
001000-01	活文 Report Manager	10月３日	株式会社日立ソリューションズ	主製品	令和３年度	2025年５月29日	DB型電子帳票システム
001100-01	TOKIUM経費精算（旧：RECEIPT POST、Dr.経費精算）	V1.0	株式会社TOKIUM（旧：株式会社BEARTAIL）	主製品	令和３年度	2025年４月22日	経費精算＋証憑管理システム
001300-00	OBIC7	3	株式会社オービック	主製品	平成28年度	2025年10月３日	会計システム＋証憑管理システム
001500-00	勘定奉行	−	株式会社オービックビジネスコンサルタント	主製品	平成28年度	2025年12月26日	会計システム＋証憑管理システム
001600-00	皆伝！＋DataDelivery	皆伝！：2.0.6 DataDelivery：5.2.00	スミセイ情報システム株式会社 JFEシステムズ株式会社	主製品	平成28年度	2026年２月20日	経費精算＋証憑管理システム
001700-00	イメージウェアハウス	V1.0	沖電気工業株式会社	主製品	平成28年度	2023年５月15日	文書管理システム
001800-00	OfficeSTAFF	Version7.3	三菱電機エンジニアリング株式会社	主製品	平成28年度	2023年５月15日	購買システム＋証憑管理システム

認証番号	ソフトウェア名称	※バージョン	メーカー	主製品/派生製品	審査基準法令年度	認証有効期限	用途種別
001800-01	OfficeSTAFF	Version7.5	三菱電機エンジニアリング株式会社	主製品	令和３年度	2025年３月15日	購買システム＋証憑管理システム
001900-00	ScanSave	V3	アンテナハウス株式会社	主製品	平成28年度	2024年１月18日	文書管理システム
002000-01	原票会計S	－	日本ICS株式会社	主製品	令和３年度	2025年３月15日	会計システム＋証憑管理システム
002100-01	DataDelivery	Ver.5.3.01	JFEシステムズ株式会社	主製品	令和３年度	2025年６月15日	DB型電子帳票システム
002200-00	Paples	ver.5.2	日鉄日立システムエンジニアリング株式会社	主製品	平成28年度	2024年６月７日	DB型電子帳票システム
002300-00	ConcurExpense	－	株式会社コンカー	主製品	平成28年度	2024年７月18日	経費精算＋証憑管理システム
002400-00	Ci*X Expense	－	株式会社 電通国際情報サービス	主製品	平成28年度	2024年７月18日	経費精算＋証憑管理システム
002500-00	楽楽精算	v9.2	株式会社ラクス	主製品	平成28年度	2024年７月18日	経費精算＋証憑管理システム
002500-01	楽楽精算	v10.1	株式会社ラクス	主製品	令和元年度	2025年２月24日	経費精算＋証憑管理システム
002500-02	楽楽精算	v10.4	株式会社ラクス	主製品	令和３年度	2025年８月26日	経費精算＋証憑管理システム
002600-00	invoiceAgent（オンプレ版）（旧名称：SPA）	10.1	ウイングアーク１st株式会社	主製品	平成28年度	2024年９月30日	文書管理システム
002600-01	invoiceAgent（オンプレ版）	Ver. 10.7.1	ウイングアーク１st株式会社	主製品	令和３年度	2025年11月21日	会計システム＋証憑管理システム
002601-01	invoiceAgent（クラウド版）（旧名称　SPA Cloud））	－	ウイングアーク１st株式会社	・派生-1	令和３年度	2025年11月21日	DB型電子帳票システム
002700-00	Smart Workstream	－	富士フイルムビジネスイノベーション株式会社	主製品	令和元年度	2024年10月18日	DB型電子帳票システム
002800-00	COMPANY・HUE　シリーズ	1.0.0	株式会社ワークスアプリケーションズ	主製品	平成28年度	2024年11月１日	請求書処理＋証憑管理システム
002900-00	PandoraClimber	Ver.4.0.0	株式会社エヌ・ティ・ティ・データ・ビジネスブレインズ	主製品	平成28年度	2024年12月30日	文書管理システム
003000-00	ClimberCloud	－	株式会社エヌ・ティ・ティ・データ・ビジネスブレインズ	主製品	平成28年度	2024年12月30日	文書管理システム
003100-00	ConcurInvoice	－	株式会社コンカー	主製品	平成28年度	2025年２月28日	経費精算＋証憑管理システム

認証番号	ソフトウェア名称	※バージョン	メーカー	主製品/派生製品	審査基準法令年度	認証有効期限	用途種別
003200-00	e-文書サービス	V1.0	株式会社PFU	主製品	令和元年度	2025年2月28日	文書管理システム
003300-00	ReportShelter	V6	キヤノンITソリューションズ株式会社	主製品	平成28年度	2025年2月28日	DB型電子帳票システム
003400-00	MAJOR FLOW Z KEIHI/MAJOR FLOW Z CLOUD 経費精算	V1.6.1	パナソニック ネットソリューションズ株式会社	主製品	令和元年度	2025年3月26日	経費精算ワークフロー +証憑管理システム
003500-00	FilingStars es	3.6	NECネッツエスアイ株式会社	主製品	令和元年度	2025年4月27日	文書管理システム
003600-00	活文 Contents Lifecycle Manager	12月1日	株式会社日立ソリューションズ	主製品	令和元年度	2025年8月20日	会計システム +証憑管理システム
003700-00	活文 Report Manager スキャン文書保管システム	12月1日	株式会社日立ソリューションズ	主製品	令和元年度	2025年8月20日	文書管理システム
003800-00	e-Success	V5	アンテナハウス株式会社	主製品	令和元年度	2025年10月5日	文書管理システム
003900-00	戦略情報会計システム OPEN21 SIAS	Ver.20200801	株式会社ICSパートナーズ	主製品	令和元年度	2025年12月2日	ワークフロー +証憑管理システム
004000-00	Staple（ステイプル）	−	クラウドキャスト株式会社	主製品	令和元年度	2025年12月2日	ワークフロー +証憑管理システム
004100-00	J 'sNAVI NEO	ver.2.4.0	株式会社JTBビジネストラベルソリューションズ	主製品	令和元年度	2026年1月8日	文書管理システム
004200-00	ExchangeUSE ワークフロー 電子帳簿保存法対応オプション	V11	富士電機株式会社	主製品	令和元年度	2026年1月8日	文書管理システム
004300-00	らくらく登録ワークフロー　会計伝票	6	株式会社ソフテス	主製品	令和元年度	2026年3月3日	文書管理システム
004400-00	QuickBinder for iAP	Ver8.0.6	株式会社クレオ	主製品	令和元年度	2026年3月9日	文書管理システム
004500-00	eValue V	Ver 1	株式会社OSK	主製品	令和元年度	2026年3月9日	文書管理システム
004501-00	eValue V Air	Ver 1	株式会社OSK	・派生-1	令和元年度	2026年3月9日	会計システム +証憑管理システム
004502-00	eValue V 2nd Edition	Ver 1	株式会社OSK	・派生-2	令和元年度	2026年3月9日	文書管理システム
004600-00	sweeep	2.0.1	sweeep株式会社	主製品	令和元年度	2026年4月2日	ワークフロー +証憑管理システム
004700-00	Traveler's WAN	Ver7	株式会社日立システムズ	主製品	令和元年度	2026年4月2日	経費精算 +証憑管理システム

認証番号	ソフトウェア名称	※バージョン	メーカー	主製品/派生製品	審査基準法令年度	認証有効期限	用途種別
004800-00	SuperStream-NX　統合会計	Ver.2	スーパーストリーム株式会社	主製品	令和元年度	2026年4月26日	会計システム＋証憑管理システム
004900-00	Bill One	−	Sansan株式会社	主製品	令和元年度	2026年4月26日	文書管理システム
005000-00	ECOAS＋DataDelivery	ECOAS：5.0 DataDelivery：5.3.0	アルプスシステムインテグレーション株式会社 JFEシステムズ株式会社	主製品	令和元年度	2026年6月11日	文書管理システム
005100-00	経費BANK（旧：経費BankⅡ）	Ver1.0.58	SBIビジネス・ソリューションズ株式会社	主製品	令和元年度	2026年6月23日	経費精算＋証憑管理システム
005200-00	ProActiveE^2 e文書法保存オプション	ProActiveE^2 Ver7.3 SPA Ver.10	SCSK株式会社	主製品	令和元年度	2026年7月9日	文書管理システム
005300-00	ManageOZO3	3.24.0	株式会社ITCS	主製品	令和元年度	2024年10月18日	文書管理システム
005301-00	ManageAC	2108	株式会社ITCS	・派生-1	令和元年度	2024年10月18日	経費精算＋証憑管理システム
005400-00	HRMOS経費（旧：eKeihi）	X7	イージーソフト株式会社	主製品	令和元年度	2024年11月24日	経費精算＋証憑管理システム
005500-00	WebSAM SVF SPA	Ver10.1	日本電気株式会社	主製品	平成28年度	2025年1月28日	会計システム＋証憑管理システム
005600-00	Esker on Demand AP	−	富士フイルムビジネスイノベーション株式会社	主製品	令和3年度	2025年1月28日	会計システム＋証憑管理システム
005700-00	TsunAG経費精算	V1	株式会社サイバーリンクス	主製品	令和元年度	2025年2月24日	会計システム＋証憑管理システム
005800-00	電子取引サービス@Sign	−	三菱電機インフォメーションネットワーク株式会社	主製品	令和3年度	2025年2月24日	会計システム＋証憑管理システム
005900-00	FX2クラウド	−	株式会社TKC	主製品	令和3年度	2025年2月24日	会計システム＋証憑管理システム
005901-00	戦略財務情報システム（FX2）	2022年1月版	株式会社TKC	・派生-1	令和3年度	2025年2月24日	会計システム＋証憑管理システム
005902-00	建設業用会計情報データベース（DAIC2）	2018年10月版	株式会社TKC	・派生-2	令和3年度	2025年2月24日	会計システム＋証憑管理システム
005903-00	建設業用会計情報データベース（DAIC3クラウド）	2018年10月版	株式会社TKC	・派生-3	令和3年度	2025年2月24日	会計システム＋証憑管理システム
005904-00	統合型会計情報システム（FX4クラウド）	2022年1月版	株式会社TKC	・派生-4	令和3年度	2025年2月24日	会計システム＋証憑管理システム
005905-00	e21まいスター	2022年1月版	株式会社TKC	・派生-5	令和3年度	2025年2月24日	会計システム＋証憑管理システム

認証番号	ソフトウェア名称	※バージョン	メーカー	主製品/派生製品	審査基準法令年度	認証有効期限	用途種別
005906-00	e21まいスター個人事業用	2022年１月版	株式会社TKC	・派生-6	令和３年度	2025年２月24日	会計システム＋証憑管理システム
005907-00	戦略財務情報システム（FX2個人事業用）	2022年１月版	株式会社TKC	・派生-7	令和３年度	2025年２月24日	会計システム＋証憑管理システム
005908-00	FX農業会計	2022年１月版	株式会社TKC	・派生-8	令和３年度	2025年２月24日	会計システム＋証憑管理システム
005909-00	FX農業会計（個人事業用）	2022年１月版	株式会社TKC	・派生-9	令和３年度	2025年２月24日	会計システム＋証憑管理システム
005910-00	医業会計データベース（MX2）	2022年１月版	株式会社TKC	・派生-10	令和３年度	2025年２月24日	会計システム＋証憑管理システム
005911-00	MX3クラウド	2022年１月版	株式会社TKC	・派生-11	令和３年度	2025年２月24日	会計システム＋証憑管理システム
005912-00	FX4クラウド（公益法人会計用）	2022年１月版	株式会社TKC	・派生-12	令和３年度	2025年２月24日	会計システム＋証憑管理システム
005913-00	FX4クラウド（社会福祉法人会計用）	2022年１月版	株式会社TKC	・派生-13	令和３年度	2025年２月24日	会計システム＋証憑管理システム
005914-00	FXまいスタークラウド	－	株式会社TKC	・派生-14	令和３年度	2025年２月24日	会計システム＋証憑管理システム
005915-00	FX2クラウド（個人用）	－	株式会社TKC	・派生-15	令和３年度	2025年２月24日	会計システム＋証憑管理システム
005916-00	FXまいスタークラウド（個人用）	－	株式会社TKC	・派生-16	令和３年度	2025年２月24日	会計システム＋証憑管理システム
005917-00	社会福祉法人会計データベース（H23年基準版）	2022年１月版	株式会社TKC	・派生-17	令和３年度	2025年２月24日	会計システム＋証憑管理システム
005918-00	公益法人会計データベース（H20年新基準版）	2022年１月版	株式会社TKC	・派生-18	令和３年度	2025年２月24日	会計システム＋証憑管理システム
005919-00	公益法人会計データベース（H16年改正版）	2022年１月版	株式会社TKC	・派生-19	令和３年度	2025年２月24日	会計システム＋証憑管理システム
005920-00	公益法人会計データベース（S60年旧基準版）	2022年１月版	株式会社TKC	・派生-20	令和３年度	2025年２月24日	会計システム＋証憑管理システム
005921-00	学校法人会計データベース（H25年基準版）	2022年１月版	株式会社TKC	・派生-21	令和３年度	2025年２月24日	ワークフロー＋証憑管理システム
005922-00	NPO法人会計データベース（H23年基準版）	2022年１月版	株式会社TKC	・派生-22	令和３年度	2025年２月24日	ワークフロー＋証憑管理システム
005923-00	NPO法人会計データベース	2022年１月版	株式会社TKC	・派生-23	令和３年度	2025年２月24日	ワークフロー＋証憑管理システム

認証番号	ソフトウェア名称	※バージョン	メーカー	主製品/派生製品	審査基準法令年度	認証有効期限	用途種別
005924-00	宗教法人会計データベース	–	株式会社TKC	・派生-24	令和３年度	2025年２月24日	ワークフロー＋証憑管理システム
006000-00	楽々 Document Plus	Ver.6.1.1.0	住友電工情報システム株式会社	主製品	令和３年度	2025年３月15日	文書管理システム
006100-00	バクラク電子帳簿保存	–	株式会社LayerX	主製品	令和３年度	2025年３月15日	ワークフロー＋証憑管理システム
006200-00	バクラク請求書	–	株式会社LayerX	主製品	令和３年度	2025年３月15日	ワークフロー＋証憑管理システム
006300-00	SmartFlow	Ver3.0	VeBuIn株式会社	主製品	令和３年度	2025年３月15日	ワークフロー＋証憑管理システム
006400-00	コム経理システム v.N 書類保存オプション	1.0.0	株式会社コム	主製品	令和３年度	2025年３月15日	ワークフロー＋証憑管理システム
006500-00	TOKIUMインボイス	V1.0	株式会社TOKIUM	主製品	令和３年度	2025年４月22日	ワークフロー＋証憑管理システム
006600-00	Working Folder　エビデンス管理オプション	–	富士フイルムビジネスイノベーション株式会社	主製品	令和３年度	2025年４月22日	ワークフロー＋証憑管理システム
006700-00	DocuWare	7.5.0	リコージャパン株式会社	主製品	令和３年度	2025年４月22日	文書管理システム
006800-00	RICOH 受領請求書サービス（旧製品名：RICOH Cloud OCR for 請求書）	Ver. 1.1.51	リコージャパン株式会社	主製品	令和３年度	2025年４月22日	文書管理システム
006900-00	STREAMED 会計事務所向けプラン	–	株式会社クラビス	主製品	令和３年度	2025年５月29日	文書管理システム
007000-00	Contract One	–	Sansan株式会社	主製品	令和３年度	2025年５月29日	ワークフロー＋証憑管理システム
007100-00	BIZUTTO経費	Ver 1.3.6	アルプス システム インテグレーション株式会社	主製品	令和３年度	2025年５月29日	ワークフロー＋証憑管理システム
007200-00	経費BANK（旧：経費BankⅡ）	Ver1.0.62	SBIビジネス・ソリューションズ株式会社	主製品	令和３年度	2025年５月29日	ワークフロー＋証憑管理システム
007300-00	MyKomon共有フォルダ（電子帳簿保存フォルダ）	202202	株式会社名南経営ソリューションズ	主製品	令和３年度	2025年５月29日	文書管理システム
007400-00	FILIST	Ver 3.00	株式会社イーバイビー	主製品	令和３年度	2025年６月19日	文書管理システム
007500-00	勘定奉行クラウド	–	株式会社オービックビジネスコンサルタント	主製品	令和３年度	2025年６月19日	ワークフロー＋証憑管理システム
007600-00	あんしんエビデンス管理（OnBase）	初版	株式会社PFU	主製品	令和３年度	2025年６月19日	ワークフロー＋証憑管理システム

認証番号	ソフトウェア名称	※バージョン	メーカー	主製品/派生製品	審査基準法令年度	認証有効期限	用途種別
007601-00	あんしんエビデンス管理(Hyland Cloud)	初版	株式会社PFU	・派生-1	令和3年度	2025年6月19日	ワークフロー＋証憑管理システム
007700-00	あんしんエビデンス管理(Box)	初版	株式会社PFU	主製品	令和3年度	2025年6月19日	ワークフロー＋証憑管理システム
007800-00	DenHo	Ver 1.0.0	株式会社インフォディオ	主製品	令和3年度	2025年6月19日	文書管理システム
007900-00	帳票処理エンジン（旧：請求書読取システム）	－	株式会社ダブルスタンダード	主製品	令和3年度	2025年6月19日	文書管理システム
008000-00	Box＋NTTコミュニケーションズ版WinActor	Ver.7	エヌ・ティ・ティ・コミュニケーションズ株式会社	主製品	令和3年度	2025年6月19日	ワークフロー＋証憑管理システム
008100-00	TeamSpirit	Winter'22 (V5.400)	株式会社チームスピリット	主製品	令和3年度	2025年6月19日	文書管理システム
008200-00	ライフサイクルレコードマネジメントシステム	第1.1版	富士フイルムシステムサービス株式会社	主製品	令和3年度	2025年7月20日	文書管理システム
008300-00	MyQuickクラウド	V8.6	インフォコム株式会社	主製品	令和3年度	2025年7月22日	文書管理システム
008400-00	クラウド文書管理Keep	－	ラディックス株式会社	主製品	令和3年度	2025年7月22日	文書管理システム
008500-00	Alrit	－	ラディックス株式会社	主製品	令和3年度	2025年7月22日	文書管理システム
008600-00	でんぽ主任	Ver1.1.1	HRKサンズ株式会社	主製品	令和3年度	2025年7月22日	文書管理システム
008700-00	スキャン保存文書管理システム Papion Web	第1.0版	株式会社ワンビシアーカイブズ	主製品	令和3年度	2025年7月22日	文書管理システム
008800-00	BtoBプラットフォーム契約書	－	株式会社インフォマート	主製品	令和3年度	2025年7月22日	ワークフロー＋証憑管理システム
008900-00	HRMOS経費(旧：eKeihi)	X14	イージーソフト株式会社	主製品	令和3年度	2025年7月22日	経費精算ワークフロー＋証憑管理システム
009000-00	freee会計	－	freee株式会社	主製品	令和3年度	2025年8月26日	会計システム＋証憑管理システム
009100-00	経理上手くんα電帳法対応オプション	－	日本ICS株式会社	主製品	令和3年度	2025年8月26日	会計システム＋証憑管理システム
009200-00	SFS Lite PLUS	V4.5.0.0	立山科学株式会社	主製品	令和3年度	2025年8月26日	文書管理システム
009300-00	WiMS/SaaS 経費精算システム	2022年2月版	株式会社ソリューション・アンド・テクノロジー	主製品	令和3年度	2025年8月26日	経費精算ワークフロー＋証憑管理システム

認証番号	ソフトウェア名称	※バージョン	メーカー	主製品/派生製品	審査基準法令年度	認証有効期限	用途種別
009400-00	どこでも契約書クラウド	−	アストロラボ株式会社	主製品	令和３年度	2025年８月26日	ワークフロー＋証憑管理システム
009500-00	RICOH 証憑電子保存サービス	V1.08	リコージャパン株式会社	主製品	令和３年度	2025年８月26日	文書管理システム
009600-00	Biz∫（ビズインテグラル）	Biz∫2.1	株式会社NTTデータ・ビズインテグラル	主製品	令和３年度	2025年８月26日	ワークフロー＋証憑管理システム
009700-00	PROCENTER SaaS	−	NECソリューションイノベータ株式会社	主製品	令和３年度	2025年８月26日	ワークフロー＋証憑管理システム
009800-00	@knowledge	−	プロパティデータバンク株式会社	主製品	令和３年度	2025年８月26日	文書管理システム
009900-00	Fleekdrive 電子帳簿保存法対応オプション	Fleekdrive V9.0.0	株式会社 Fleekdrive	主製品	令和３年度	2025年８月26日	文書管理システム
010000-00	FileBlog	version 4	株式会社鉄飛テクノロジー	主製品	令和３年度	2025年８月26日	文書管理システム
010100-00	あんしんエビデンス管理(SharePoint Online)	初版	株式会社PFU	主製品	令和３年度	2025年９月29日	ワークフロー＋証憑管理システム
010200-00	RICOH 受領納品書サービス（旧製品名：RICOH Cloud OCR for 納品書）	Ver.1.1.39	リコージャパン株式会社	主製品	令和３年度	2025年９月29日	ワークフロー＋証憑管理システム
010300-00	楽々 ProcurementII Cloud	Ver 9.1.0	住友電工情報システム株式会社	主製品	令和３年度	2025年９月29日	ワークフロー＋証憑管理システム
010400-00	SmartFlow 証憑スキャナ保存プラン	Ver3.0	VeBuIn株式会社	主製品	令和３年度	2025年10月24日	ワークフロー＋証憑管理システム
010500-00	電子取引対応ストレージサービス Aimass	2	株式会社アイコム	主製品	令和３年度	2025年10月24日	文書管理システム
010600-00	invox電子帳簿保存	2.7.25	株式会社Deepwork	主製品	令和３年度	2025年10月24日	文書管理システム
010700-00	PCA Hub eDOC	v1.0.0	ピー・シー・エー株式会社	主製品	令和３年度	2025年10月24日	会計システム＋証憑管理システム
010800-00	WiMS経費精算システム	2022年２月版	株式会社ソリューション・アンド・テクノロジー	主製品	令和３年度	2025年10月28日	経費精算ワークフロー＋証憑管理システム
010900-00	財務顧問 R4 Professional Ver.22.2	Ver.22.2	エプソン販売株式会社	主製品	令和３年度	2025年11月21日	会計システム＋証憑管理システム
010901-00	財務会計 R4 Ver.22.2	Ver.22.2	エプソン販売株式会社	派生製品	令和３年度	2025年11月21日	会計システム＋証憑管理システム
010902-00	財務顧問 R4 Basic Ver.22.2	Ver.22.2	エプソン販売株式会社	派生製品	令和３年度	2025年11月21日	会計システム＋証憑管理システム

認証番号	ソフトウェア名称	※バージョン	メーカー	主製品/派生製品	審査基準法令年度	認証有効期限	用途種別
010903-00	財務応援 R4 Premium Ver.22.2	Ver.22.2	エプソン販売株式会社	派生製品	令和３年度	2025年11月21日	会計システム＋証憑管理システム
010904-00	財務応援 R4 Lite+Ver.22.2	Ver.22.2	エプソン販売株式会社	派生製品	令和３年度	2025年11月21日	会計システム＋証憑管理システム
010905-00	Weplat 財務応援 R4 工事台帳 Ver.22.2	Ver.22.2	エプソン販売株式会社	派生製品	令和３年度	2025年11月21日	会計システム＋証憑管理システム
010906-00	Weplat 財務応援 R4 Premium Ver.22.2	Ver.22.2	エプソン販売株式会社	派生製品	令和３年度	2025年11月21日	会計システム＋証憑管理システム
010907-00	Weplat 財務応援 R4 Lite+Ver.22.2	Ver.22.2	エプソン販売株式会社	派生製品	令和３年度	2025年11月21日	会計システム＋証憑管理システム
010908-00	財務応援 R4 Lite Ver.22.2	Ver.22.2	エプソン販売株式会社	派生製品	令和３年度	2025年11月21日	会計システム＋証憑管理システム
010909-00	財務応援 R4 Lite for IKX Ver.22.2	Ver.22.2	エプソン販売株式会社	派生製品	令和３年度	2025年11月21日	会計システム＋証憑管理システム
010910-00	Weplat 財務応援 R4 Lite Ver.22.2	Ver.22.2	エプソン販売株式会社	派生製品	令和３年度	2025年11月21日	会計システム＋証憑管理システム
010911-00	Weplat 財務応援 R4 Lite for IKX Ver.22.2	Ver.22.2	エプソン販売株式会社	派生製品	令和３年度	2025年11月21日	会計システム＋証憑管理システム
011000-00	TOKIUM電子帳簿保存	V1.0	株式会社TOKIUM	主製品	令和３年度	2025年11月21日	証憑・経費精算ワークフロー＋証憑管理システム
011100-00	paild（ペイルド）	－	株式会社ペイルド	主製品	令和３年度	2025年11月21日	文書管理システム
011200-00	楽々 WorkflowII	Ver.8.1.2.0	住友電工情報システム株式会社	主製品	令和３年度	2025年12月26日	ワークフロー＋証憑管理システム
011300-00	MAJOR FLOW Z CLOUD 証憑保管	2022年10月版	パナソニック ネットソリューションズ株式会社	主製品	令和３年度	2025年12月26日	証憑・経費精算ワークフロー＋証憑管理システム
011400-00	mcframeGA	14.1.0	ビジネスエンジニアリング株式会社	主製品	令和３年度	2026年１月26日	文書管理システム
011500-00	INVOY	－	FINUX株式会社	主製品	令和３年度	2026年１月26日	文書管理システム
011600-00	Spenmo	1	スペンモ・テクノロジー・ジャパン株式会社	主製品	令和３年度	2026年１月26日	文書管理システム
011700-00	paperlogic 電子契約/電子書庫	1.0.3	ペーパーロジック株式会社	主製品	令和３年度	2026年１月26日	文書管理システム
011800-00	MyQuick（オンプレミス版）	V8.6	インフォコム株式会社	主製品	令和３年度	2026年１月26日	文書管理システム

認証番号	ソフトウェア名称	※バージョン	メーカー	主製品/派生製品	審査基準法令年度	認証有効期限	用途種別
011900-00	経費の獅子	Ver.1.0.1	エス・エー・エス株式会社	主製品	令和3年度	2026年3月3日	経費精算ワークフロー ＋証憑管理システム
012000-00	UC+ドキュメント	−	株式会社内田洋行ITソリューションズ	主製品	令和3年度	2026年3月3日	文書管理システム
012100-00	AppSQUARE 電子帳簿保存法対応オプション	Ver 1.0	株式会社日立ソリューションズ東日本	主製品	令和3年度	2026年3月3日	文書管理システム
012200-00	Findワークフロー	Ver2.0	株式会社東計電算	主製品	令和3年度	2026年3月24日	ワークフロー ＋証憑管理システム
012300-00	楽々WorkflowII Cloud	Ver.8.1.1.0f2	住友電工情報システム株式会社	主製品	令和3年度	2026年3月24日	ワークフロー ＋証憑管理システム
012400-00	Oracle ERP Cloud 一般会計モジュール(General Ledger)	22B	日本オラクル株式会社	主製品	令和3年度	2026年3月24日	会計システム ＋証憑管理システム
012500-00	Oracle ERP Cloud 買掛管理モジュール(Payables)	22B	日本オラクル株式会社	主製品	令和3年度	2026年3月24日	会計システム ＋証憑管理システム

JIIMA認証：電子取引ソフト法的要件認証製品一覧

※　2023年３月末現在の認証製品

認証番号	ソフトウェア名称	※バージョン	メーカー	主製品/派生製品	審査基準法令年度	認証有効期限
600100-00	BtoBプラットフォーム請求書（受取機能・発行機能）	BtoBプラットフォーム　請求書（受取機能・発行機能）	株式会社インフォマート	主製品	令和２年度	2024年６月８日
600200-00	DataDelivery	Ver 5.5.1.2	JFEシステムズ株式会社	主製品	令和２年度	2024年６月８日
600200-01	DataDelivery	Ver 5.5.1.2	JFEシステムズ株式会社	主製品	令和３年度	2025年２月11日
600300-00	TKC証憑ストレージサービス	2021年04月版	株式会社TKC	主製品	令和２年度	2024年６月８日
600300-01	インボイス･マネジャー（旧製品名：TKC証憑ストレージサービス）	2021年04月版	株式会社TKC	主製品	令和３年度	2025年５月９日
600400-00	WWDS証憑アーカイブスタンダード	Ver 1.7.5	株式会社ハイパーギア	主製品	令和２年度	2024年６月21日
600400-01	WWDS証憑アーカイブスタンダード	Ver 1.7.5	株式会社ハイパーギア	主製品	令和３年度	2025年１月28日
600500-00	電子取引サービス@Sign	－	三菱電機インフォメーションネットワーク株式会社	主製品	令和２年度	2024年７月20日
600600-00	マネーフォワード ケッサイ	－	マネーフォワードケッサイ株式会社	主製品	令和２年度	2024年７月20日
600700-00	マネーフォワードクラウド経費	－	株式会社マネーフォワード	主製品	令和２年度	2024年８月18日
600800-00	マネーフォワードクラウド債務支払	－	株式会社マネーフォワード	主製品	令和２年度	2024年８月18日
600900-00	QuickBinder for iAP Ver8.0.6 Patch1	QuickBinder for iAP Ver 8.0.6	株式会社クレオ	主製品	令和２年度	2024年８月22日
601000-00	楽々 Document Plus	Ver.6.1.1.0	住友電工情報システム株式会社	主製品	令和２年度	2024年８月31日
601000-01	楽々 Document Plus	Ver.6.1.1.0	住友電工情報システム株式会社	主製品	令和３年度	2025年４月８日

認証番号	ソフトウェア名称	※バージョン	メーカー	主製品/派生製品	審査基準法令年度	認証有効期限
601100-00	マネーフォワードクラウドBOX	−	株式会社マネーフォワード	主製品	令和２年度	2024年９月14日
601200-00	マネーフォワードクラウド請求書Plus （旧マネーフォワードクラウド債権請求）	−	株式会社マネーフォワード	主製品	令和２年度	2024年９月14日
601300-00	建て役者　電子受発注オプション	Ver1.0	株式会社システムサポート	主製品	令和２年度	2024年９月27日
601400-00	invoiceAgent（オンプレ版）（旧製品名「SPA」）	Ver. 10.5	ウイングアーク１st株式会社	主製品	令和２年度	2024年10月25日
601401-00	invoiceAgent（クラウド版）（旧製品名「SPA Cloud」）	−	ウイングアーク１st株式会社	派生製品	令和２年度	2024年10月25日
601500-00	活文 Contents Lifecycle Manager	12-50	株式会社 日立ソリューションズ	主製品	令和２年度	2024年11月10日
601501-00	活文 Report Manager	12-51	株式会社 日立ソリューションズ	派生製品	令和２年度	2024年11月10日
601600-00	ClimberCloud	Ver.4.0.0	株式会社エヌ・ティ・ティ・データ・ビジネスブレインズ	主製品	令和２年度	2024年11月10日
601700-00	HUE Classic・HUEシリーズ	1.0.0	株式会社ワークスアプリケーションズ・エンタープライズ	主製品	令和２年度	2024年11月10日
601800-00	TOKIUMインボイス（旧）INVOICE POST（インボイスポスト）	V1.0	株式会社TOKIUM（旧 株式会社BEARTAIL）	主製品	令和２年度	2024年11月29日
601900-00	TOKIUM経費精算（旧）RECEIPT POST（レシートポスト）	V1.0	株式会社TOKIUM（旧 株式会社BEARTAIL）	主製品	令和２年度	2024年11月29日
602000-00	Report Shelter	V6.7	キヤノンITソリューションズ株式会社	主製品	令和２年度	2024年12月27日
602100-00	KYOCERA Smart Information Manager	Version 1.1	京セラドキュメントソリューションズ株式会社	主製品	令和２年度	2025年１月28日
602200-00	電子取引対応ストレージサービス Almass	1	株式会社アイコム	主製品	令和３年度	2025年１月28日
602300-00	Shachihata Cloud	−	シヤチハタ株式会社	主製品	令和２年度	2025年２月11日

認証番号	ソフトウェア名称	※バージョン	メーカー	主製品/派生製品	審査基準法令年度	認証有効期限
602400-00	Esker on Demand AP	—	富士フイルムビジネスイノベーション株式会社	主製品	令和３年度	2025年２月11日
602500-00	bizform online	—	キヤノンマーケティングジャパン株式会社	主製品	令和３年度	2025年３月10日
602600-00	ASTRUX2.0 電子帳簿保存法対応ストレージオプション	Ver1.00	株式会社デジタルマトリックス	主製品	令和３年度	2025年３月10日
602700-00	Office STAFF ver.7	Version7.5	三菱電機エンジニアリング株式会社	主製品	令和３年度	2025年４月８日
602800-00	Bill One	—	Sansan株式会社	主製品	令和３年度	2025年４月８日
602900-00	Contract One	—	Sansan株式会社	主製品	令和３年度	2025年４月８日
603000-00	ReportFiling	6.3以降	NECソリューションイノベータ株式会社	主製品	令和３年度	2025年４月８日
603100-00	FX2クラウド	全バージョン	株式会社TKC	主製品	令和３年度	2025年５月９日
603101-00	e21まいスター	2022年01月版	株式会社TKC	派生製品	令和３年度	2025年５月９日
603102-00	統合型会計情報システム（FX4クラウド）	2022年01月版	株式会社TKC	派生製品	令和３年度	2025年５月９日
603103-00	戦略財務情報システム（FX2個人事業用）	2022年01月版	株式会社TKC	派生製品	令和３年度	2025年５月９日
603104-00	戦略財務情報システム（FX2）	2022年01月版	株式会社TKC	派生製品	令和３年度	2025年５月９日
603105-00	宗教法人会計データベース	2022年01月版	株式会社TKC	派生製品	令和３年度	2025年５月９日
603106-00	社会福祉法人会計データベース（H23年基準版）	2022年01月版	株式会社TKC	派生製品	令和３年度	2025年５月９日
603107-00	公益法人会計データベース（S60年旧基準版）	2022年01月版	株式会社TKC	派生製品	令和３年度	2025年５月９日

認証番号	ソフトウェア名称	※バージョン	メーカー	主製品/派生製品	審査基準法令年度	認証有効期限
603108-00	公益法人会計データベース（H16年改正版）	2022年01月版	株式会社TKC	派生製品	令和３年度	2025年５月９日
603109-00	公益法人会計データベース（H20年新基準版）	2022年01月版	株式会社TKC	派生製品	令和３年度	2025年５月９日
603110-00	建設業用会計情報データベース（DAIC3クラウド）	2022年01月版	株式会社TKC	派生製品	令和３年度	2025年５月９日
603111-00	建設業用会計情報データベース（DAIC2）	2022年01月版	株式会社TKC	派生製品	令和３年度	2025年５月９日
603112-00	学校法人会計データベース（H25年基準版）	2022年01月版	株式会社TKC	派生製品	令和３年度	2025年５月９日
603113-00	医業会計データベース（MX2）	2022年01月版	株式会社TKC	派生製品	令和３年度	2025年５月９日
603114-00	NPO法人会計データベース（H23年基準版）	2022年01月版	株式会社TKC	派生製品	令和３年度	2025年５月９日
603115-00	NPO法人会計データベース	2022年01月版	株式会社TKC	派生製品	令和３年度	2025年５月９日
603116-00	MX3クラウド	2022年01月版	株式会社TKC	派生製品	令和３年度	2025年５月９日
603117-00	FX農業会計個人事業用	2022年01月版	株式会社TKC	派生製品	令和３年度	2025年５月９日
603118-00	FX農業会計	2022年01月版	株式会社TKC	派生製品	令和３年度	2025年５月９日
603119-00	FXまいスタークラウド（個人用）	－	株式会社TKC	派生製品	令和３年度	2025年５月９日
603120-00	FXまいスタークラウド	全バージョン	株式会社TKC	派生製品	令和３年度	2025年５月９日
603121-00	FX4クラウド（社会福祉法人会計用）	2022年01月版	株式会社TKC	派生製品	令和３年度	2025年５月９日
603122-00	FX4クラウド（公益法人会計用）	2022年01月版	株式会社TKC	派生製品	令和３年度	2025年５月９日

認証番号	ソフトウェア名称	※バージョン	メーカー	主製品/派生製品	審査基準法令年度	認証有効期限
603123-00	FX2クラウド（個人用）	全バージョン	株式会社TKC	派生製品	令和３年度	2025年５月９日
603124-00	e21まいスター個人事業用	2022年01月版	株式会社TKC	派生製品	令和３年度	2025年５月９日
603200-00	楽楽明細	v8.2.1	株式会社ラクス	主製品	令和３年度	2025年５月９日
603300-00	REDISuite	v1.0	株式会社日立システムズ	主製品	令和３年度	2025年５月９日
603400-00	ArcSuite	4	富士フイルムビジネスイノベーション株式会社	主製品	令和３年度	2025年５月９日
603500-00	DocuShare	7.5	富士フイルムビジネスイノベーション株式会社	主製品	令和３年度	2025年５月９日
603600-00	Working Folder　エビデンス管理オプション	–	富士フイルムビジネスイノベーション株式会社	主製品	令和３年度	2025年５月９日
603700-00	ECABINET V1.0	V1.0	株式会社サイバーリンクス	主製品	令和３年度	2025年５月９日
603800-00	MakeLeaps	–	メイクリープス株式会社	主製品	令和３年度	2025年５月27日
603801-00	MakeLeaps for Salesforce	–	メイクリープス株式会社	派生製品	令和３年度	2025年５月27日
603900-00	快速サーチャー GX	4.5	株式会社インテック	主製品	令和３年度	2025年５月27日
604000-00	楽々WorkflowII	Ver.8.0.1.0	住友電工情報システム株式会社	主製品	令和３年度	2025年５月27日
604001-00	楽々WorkflowII クラウドサービス	Ver.8.0.1.0e	住友電工情報システム株式会社	派生製品	令和３年度	2025年５月27日
604100-00	RICOH 受領請求書サービス（旧製品名：RICOH Cloud OCR for 請求書）	Ver. 1.1.51	リコージャパン株式会社	主製品	令和３年度	2025年５月27日
604200-00	DocuWare	7.5.0	リコージャパン株式会社	主製品	令和３年度	2025年５月27日

認証番号	ソフトウェア名称	※バージョン	メーカー	主製品/派生製品	審査基準法令年度	認証有効期限
604300-00	RICOH Trade Automation	Ver. 1.0.21	リコージャパン株式会社	主製品	令和３年度	2025年５月27日
604400-00	バクラク電子帳簿保存	−	株式会社LayerX	主製品	令和３年度	2025年６月22日
604500-00	バクラク請求書	−	株式会社LayerX	主製品	令和３年度	2025年６月22日
604600-00	BtoBプラットフォーム契約書	−	株式会社インフォマート	主製品	令和３年度	2025年６月22日
604700-00	BIZUTTO経費	BIZUTTO経費 Ver 1.3.6	アルプス システム インテグレーション株式会社	主製品	令和３年度	2025年６月22日
604800-00	e-PAPスマート・ストレージ	Ver 6.0	株式会社エッサム	主製品	令和３年度	2025年６月22日
604900-00	OPTiM Contract	v1.5.0	株式会社オプティム	主製品	令和３年度	2025年６月22日
605000-00	FUJITSU ビジネスアプリケーションDocumal SaaS	V4.1	株式会社富士通四国インフォテック	主製品	令和３年度	2025年６月22日
605100-00	Dr.Sum	Ver.5.6	ウイングアーク１st株式会社	主製品	令和３年度	2025年７月15日
605101-00	Dr.Sum Cloud	−	ウイングアーク１st株式会社	派生製品	令和３年度	2025年７月15日
605200-00	Secure文探	Ver 1.2	株式会社iTest	主製品	令和３年度	2025年７月15日
605201-00	Secure文探Light	Ver 1.0	株式会社iTest	派生製品	令和３年度	2025年７月15日
605300-00	invox電子帳簿保存	2.2.10	株式会社Deepwork	主製品	令和３年度	2025年７月15日
605400-00	すごいよ山下くん	Ver1.0	株式会社フューチャーリンク	主製品	令和３年度	2025年７月15日
605500-00	自動納品書領収書 自社・CSV版	ver1.0	ドリームバンク株式会社	主製品	令和３年度	2025年７月15日

認証番号	ソフトウェア名称	※バージョン	メーカー	主製品/派生製品	審査基準法令年度	認証有効期限
605600-00	PRO自動納品書領収書	ver1.0	ドリームバンク株式会社	主製品	令和３年度	2025年７月15日
605700-00	MyKomon共有フォルダ(電子帳簿保存フォルダ)	202202	株式会社名南経営ソリューションズ	主製品	令和３年度	2025年７月15日
605800-00	FilingStars es	4.2	NECネッツエスアイ株式会社	主製品	令和３年度	2025年８月４日
605900-00	あんしんエビデンス管理（OnBase）	初版	株式会社PFU	主製品	令和３年度	2025年８月４日
605901-00	あんしんエビデンス管理（Hyland Cloud）	初版	株式会社PFU	派生製品	令和３年度	2025年８月４日
606000-00	あんしんエビデンス管理(Box)	初版	株式会社PFU	主製品	令和３年度	2025年８月４日
606100-00	eValue V	Ver 1	株式会社OSK	主製品	令和３年度	2025年８月４日
606101-00	eValue V　Air	Ver 1	株式会社OSK	派生製品	令和３年度	2025年８月４日
606102-00	eValue V 2nd Edition	Ver 1	株式会社OSK	派生製品	令和３年度	2025年８月４日
606200-00	Google Workspace	2022年１月版	グーグル･クラウド･ジャパン合同会社	主製品	令和３年度	2025年８月４日
606300-00	WebBureau Standard(ウェブ ビューロー スタンダード)	Ver.3.0	トッパン・フォームズ株式会社	主製品	令和３年度	2025年８月４日
606400-00	勘定奉行クラウド	―	株式会社オービックビジネスコンサルタント	主製品	令和３年度	2025年８月４日
606500-00	スマクラ データアーカイブ	Ver.1.0	SCSK株式会社	主製品	令和３年度	2025年８月４日
606600-00	DenHo	Ver 1.0.0	株式会社インフォディオ	主製品	令和３年度	2025年８月26日
606700-00	Paples	ver.5.2	日鉄日立システムソリューションズ株式会社（旧 日鉄日立システムエンジニアリング株式会社）	主製品	令和３年度	2025年８月26日

認証番号	ソフトウェア名称	※バージョン	メーカー	主製品/派生製品	審査基準法令年度	認証有効期限
606800-00	SAVVY/EWAP	Ver.7.0	ジップインフォブリッジ株式会社	主製品	令和３年度	2025年８月26日
606900-00	ANDPAD受発注	—	株式会社アンドパッド	主製品	令和３年度	2025年８月26日
607000-00	sweeep Box	1.1.0	sweeep株式会社	主製品	令和３年度	2025年８月26日
607100-00	freee会計	—	freee株式会社	主製品	令和３年度	2025年８月26日
607200-00	MAJOR FLOW Z KEIHI / MAJOR FLOW Z CLOUD 経費精算	V2.1.0	パナソニック ネットソリューションズ株式会社	主製品	令和３年度	2025年10月５日
607300-00	TBLOCK SIGN　非改ざん証明サービス	—	豊田通商システムズ株式会社	主製品	令和３年度	2025年10月５日
607400-00	SFS Lite PLUS	V4.5.0.0	立山科学株式会社	主製品	令和３年度	2025年10月５日
607500-00	Fleekdrive　電子帳簿保存法対応オプション	Fleekdrive V9.0	株式会社Fleekdrive	主製品	令和３年度	2025年10月５日
607600-00	Great Sign	—	株式会社TREASURY	主製品	令和３年度	2025年10月５日
607700-00	BtoBプラットフォーム TRADE	—	株式会社インフォマート	主製品	令和３年度	2025年10月５日
607800-00	telesa-delivery	3	株式会社TSUNAGUTE	主製品	令和３年度	2025年10月５日
607900-00	FILIST for Cloud	FILIST for Cloud_Ver.2.0	株式会社イーバイピー	主製品	令和３年度	2025年10月25日
608000-00	Tradebook	2.8	株式会社エヌ·ティ·ティ・データ	主製品	令和３年度	2025年10月25日
608100-00	PCA 商魂・商管シリーズ（旧：PCA商魂・商管DX）	Ver1.00-6.10	ピー・シー・エー株式会社	主製品	令和３年度	2025年10月25日
608200-00	DocYou	—	日鉄日立システムソリューションズ株式会社（旧日鉄日立システムエンジニアリング株式会社）	主製品	令和３年度	2025年10月25日

認証番号	ソフトウェア名称	※バージョン	メーカー	主製品/派生製品	審査基準法令年度	認証有効期限
608300-00	あんしんエビデンス管理(SharePoint Online)	初版	株式会社PFU	主製品	令和３年度	2025年10月25日
608400-00	BConnectionデジタルトレード	hacobay（はこべぇ）	エヌ・ティ・ティ・コミュニケーションズ株式会社	主製品	令和３年度	2025年10月25日
608500-00	RICOH 証憑電子保存サービス	V1.08	リコージャパン株式会社	主製品	令和３年度	2025年10月25日
608600-00	証憑管理サービス	－	弥生株式会社	主製品	令和３年度	2025年10月25日
608700-00	楽々 ProcurementII	Ver 9.1.0	住友電工情報システム株式会社	主製品	令和３年度	2025年11月16日
608701-00	楽々 ProcurementII Cloud	Ver 9.1.0	住友電工情報システム株式会社	派生製品	令和３年度	2025年11月16日
608800-00	PROCENTER SaaS	－	NECソリューションイノベータ株式会社	主製品	令和３年度	2025年11月16日
608900-00	GO!!電帳	Ver.1.0.1	株式会社ユーエスエス	主製品	令和３年度	2025年11月16日
609000-00	RICOH 受領納品書サービス	Ver.1.1.39	リコージャパン株式会社	主製品	令和３年度	2025年11月16日
609100-00	cho*bo*box	Ver 1.0	東光コンピュータ・サービス株式会社	主製品	令和３年度	2025年11月16日
609200-00	EdiGate for INVOICE	V1.0	大興電子通信株式会社	主製品	令和３年度	2025年12月２日
609300-00	PCA Hub eDOC	v1.0.0	ピー・シー・エー株式会社	主製品	令和３年度	2026年１月５日
609400-00	財務顧問 R4 Professional Ver.22.2	Ver.22.2	エプソン販売株式会社	主製品	令和３年度	2026年１月５日
609401-00	財務会計 R4 Ver.22.2	Ver.22.2	エプソン販売株式会社	派生製品	令和３年度	2026年１月５日
609402-00	財務顧問 R4 Basic Ver.22.2	Ver.22.2	エプソン販売株式会社	派生製品	令和３年度	2026年１月５日

認証番号	ソフトウェア名称	※バージョン	メーカー	主製品/派生製品	審査基準法令年度	認証有効期限
609403-00	財務応援 R4 Premium Ver.22.2	Ver.22.2	エプソン販売株式会社	派生製品	令和３年度	2026年１月５日
609404-00	財務応援 R4 Lite+ Ver. 22.2	Ver.22.2	エプソン販売株式会社	派生製品	令和３年度	2026年１月５日
609405-00	Weplat 財務応援 R4 工事台帳 Ver.22.2	Ver.22.2	エプソン販売株式会社	派生製品	令和３年度	2026年１月５日
609406-00	Weplat 財務応援 R4 Premium Ver.22.2	Ver.22.2	エプソン販売株式会社	派生製品	令和３年度	2026年１月５日
609407-00	Weplat 財務応援 R4 Lite+Ver.22.2	Ver.22.2	エプソン販売株式会社	派生製品	令和３年度	2026年１月５日
609408-00	財務応援 R4 Lite Ver. 22.2	Ver.22.2	エプソン販売株式会社	派生製品	令和３年度	2026年１月５日
609409-00	財務応援 R4 Lite for IKX Ver.22.2	Ver.22.2	エプソン販売株式会社	派生製品	令和３年度	2026年１月５日
609410-00	Weplat 財務応援 R4 Lite Ver.22.2	Ver.22.2	エプソン販売株式会社	派生製品	令和３年度	2026年１月５日
609411-00	Weplat 財務応援 R4 Lite for IKX Ver.22.2	Ver.22.2	エプソン販売株式会社	派生製品	令和３年度	2026年１月５日
609500-00	スマート大臣〈証憑保管〉	5.2.3	応研株式会社	主製品	令和３年度	2026年１月５日
609600-00	請求QUICK	Ver.1.5	SBIビジネス・ソリューションズ株式会社	主製品	令和３年度	2026年１月５日
609700-00	CONTRACTHUB @absonne	2.8.1	日鉄ソリューションズ株式会社	主製品	令和３年度	2026年１月５日
609800-00	hacobay（はこべぇ）	Ver.1.0	株式会社電算インフォメーション	主製品	令和３年度	2026年１月５日
609900-00	invoiceAgent（オンプレ版）	Ver. 10.7.1	ウイングアーク１st株式会社	主製品	令和３年度	2026年１月30日
609901-00	invoiceAgent（クラウド版）	–	ウイングアーク１st株式会社	派生製品	令和３年度	2026年１月30日

認証番号	ソフトウェア名称	※バージョン	メーカー	主製品/派生製品	審査基準法令年度	認証有効期限
610000-00	WEBPSN2	—	日本電気株式会社	主製品	令和３年度	2026年１月30日
610100-00	SATSAVE	1.0.05	アイテック阪急阪神株式会社	主製品	令和３年度	2026年１月30日
610200-00	原票会計S	—	日本ICS株式会社	主製品	令和３年度	2026年１月30日
610300-00	経理上手くんα電帳法対応オプション	—	日本ICS株式会社	主製品	令和３年度	2026年１月30日
610400-00	ZeeM会計	ZeeM会計 1. 2.3030.1	株式会社クレオ	主製品	令和３年度	2026年２月14日
610500-00	TOKIUM電子帳簿保存	V1.0	株式会社TOKIUM	主製品	令和３年度	2026年２月14日
610600-00	文書管理システム Papion Web	第1.1版	株式会社NXワンビシアーカイブズ	主製品	令和３年度	2026年３月６日
610700-00	EOS名人.NET 電帳法対応クラウドオプション	1.0.0	ユーザックシステム株式会社	主製品	令和３年度	2026年３月６日
610800-00	請求書読取システム	—	株式会社ダブルスタンダード	主製品	令和３年度	2026年３月６日
610900-00	楽楽販売	Ver.9.6	株式会社ラクス	主製品	令和３年度	2026年３月６日
611000-00	フィールドサービス支援システム「CSOne」	2022年10月版	株式会社シーエスワン	主製品	令和３年度	2026年３月27日
611100-00	paild（ペイルド）	—	株式会社ペイルド	主製品	令和３年度	2026年３月27日
611200-00	MAJOR FLOW Z CLOUD 証憑保管	2022年10月版	パナソニック ネットソリューションズ株式会社	主製品	令和３年度	2026年３月27日
611300-00	LinkPrint CLOUD	ver.3.1.3	ティーピー株式会社	主製品	令和３年度	2026年３月27日

巻末資料２

本資料は、「第５章インボイス制度対応におけるシステムの選定・2.経費精算システムのインボイス制度対応」で紹介しているパナソニックネットソリューションズ株式会社が提供する「MAJOR FLOW Z CLOUD 証憑保管」を利用する場合の、電帳法で規定されるスキャナ保存、電子取引データを保存する場合の要件となる「証憑保存に関する社内規程」のサンプルとなります。自社で活用する場合には、適宜記載内容を見直していただきご利用いただければと思います。

証憑等の電子化保存規程

第１章　総則

（目的）

第１条　本規程は、○○（以下「当社」という）における国税関係書類及び電子取引に係る電磁的記録（以下、「国税関係書類等」）について、パナソニックネットソリューションズ株式会社製「MAJOR FLOW Z CLOUD 証憑保管」（以下「本システム」という。）を活用して、国税関係書類等の保存を法令遵守かつ合理的に図るための事項を定め、国税関係書類等の保存に係る各事務について、その適正な実施を確保するために必要な体制を整備し、これに基づきその各事務を実施することを目的とする。

（定義）

第２条　この規程において、次に掲げる用語の意義は当該各号に定めるところによる。

一　電子化文書

国税関係書類を電子化した文書をいう。

二　電子取引データ

電磁的方式により取引先と授受された取引情報に係るデータを

いう。

三　保存データ

電子化文書及び電子取引データとして本システムに保存されたデータをいう。

四　管理責任者

本システムを円滑に運用するための責任者をいう。

五　真実性を確保するための機能

電子化文書の故意又は過失による虚偽入力、書換え、消去及び混同を未然に防止し、かつ改ざん等の事実の有無が検証できる機能をいう。

六　機密性を確保するための機能

電子化文書へのアクセスを制限すること、アクセス履歴を記録すること等により、アクセスを許されない者からの電子化文書へのアクセスを防止し、電子化文書の盗難、漏えい、盗み見等を未然に防止する形態で保存・管理される機能をいう。

七　見読性を確保するための機能

電子化文書の内容を必要に応じ電子計算機その他の機器を用いて検索し、画面又は書面に直ちに出力できるよう措置される機能をいう。

（適用範囲）

第３条　本規程は、当社における国税関係書類のスキャナ保存及び電子取引データの保存に関する全ての事務処理に適用する。

２　本規程は、当社の全ての役員及び社員（契約社員、パートタイマー及び派遣社員を含む。以下同じ。）に対して適用する。

（運用体制）

第４条　当社における本システムの運用に当たっては、管理責任者、作業担当者を置くものとし、国税関係書類等の保存の運用については、事務分掌細則によりこれを定める。

2　管理責任者は、電子化文書の作成を外部委託する場合、外部委託業者が電子化文書作成に必要な法令等の知識と技能を持つことを確認し、これを条件に業務を委託することができる。

3　管理責任者は、電子化文書の作成に関わる作業担当者および外部委託業者を管理し、電子化文書が法令等の定めに則って効率よく作成されることに責任を持つ。

（管理責任者）

第５条　この規程の管理責任者は、当社の○○（管理責任者役職）とする。

※　管理責任者については、社内の文書管理を総括して担当する取締役等又は同等の権限を有する役職者を任命することを推奨します。

（機器の管理）

第６条　本システムの機器の管理及び運用に関する基準を遵守する。

一　保存データが十分に保護されるように記録媒体の二重化、バックアップの採取等を行う。また、品質劣化が予想される記録媒体については定期的に記録媒体の移し替え等を行う。

二　外部ネットワーク接続により、不正アクセスによる被害やウィルスによる被害が発生しないように対策を施す。

※　別途「情報管理規程等」がある場合には、既存の規程により行うことを明記して下さい。

（利用者の責務）

第７条　本システムの利用者は以下の責務を負う。

一　自身のIDやパスワードを管理し、これを他人に利用させない。

二　本システムの情報の参照や入力（以下「アクセス」という。）に際して、IDやパスワードによって、本システムに利用者自身を認識させる。

三　与えられたアクセス権限を越えた操作を行わない。

四　参照した情報を業務目的外に利用しない。

五　業務上知り得た情報および顧客等関係者のプライバシーを侵害

しない。

※　別途「情報管理規程等」がある場合には、既存の規程により行うことを明記して下さい。

第２章　機器等の機能要件

（機能等の要件）

第８条　本システムの機器要件は、次に定めるところによる。

一　データフォーマット

保存データのデータフォーマットは以下の通りとする。

（PDF、TIFF、JPG、PNG、BMP、GIF）

二　階調性の確保

保存データの画像の階調性を損なうような画像補正は行わない。

三　画像品質の確保

保存データの画像は、第10条で定めるところにより確認できること。

四　両面スキャン

電子化文書の作成に当たっては、原則として両面スキャンとする。ただし、裏面に記載のないものなどについては、この限りではない。

2　真実性を確保するための機能は、次に定めるところによる。

一　解像度等の情報の保存

電子化文書については、作成時の解像度、階調及び元の紙文書の大きさに関する情報を保存する。

二　ヴァージョン管理

電子化文書及び電子取引データのヴァージョン管理を行うに当たり、当初に記録した電子化文書を第１版とし、その後に訂正又は削除が行われても第１版の内容を保持する。

三　データの変更の蓋然性の排除

電子化文書及び電子取引データは、変更の蓋然性を排除した、若しくは変更履歴が保存されるクラウド環境に保存する。

四　保存日時表示

電子化文書及び電子取引データの保存日時は、サーバの設定時刻で表示する。サーバの設定時刻は、NTPサーバが配信する公共時刻情報とし、設定時刻はユーザの変更可能性を完全に排除する。

五　保存担当者情報

電子化文書及び電子取引データを保存した担当者若しくはその者を直接監督する者の情報を保存する。

3　機密性を確保するための機能は、次に定めるところによる。

一　アクセス管理

情報の利用範囲、更新履歴、機密度等に応じた管理区分を設定するとともに、情報にアクセスしようとする者を認識し認証できること。

二　不正アクセスの排除

不正なアクセスを排除できること。

三　利用ログ管理

本システムの管理責任者は、ログの情報等を利用して不正なアクセスの防止をすることとする。

※　別途「情報管理規程等」がある場合には、既存の規程により行うことを明記して下さい。

4　帳簿との関連性を確保するための機能は、次に定めるいずれかによることとする。

一　領収書及び請求書

仕訳情報を特定できる項目を本システムの関連付け番号に入力する、若しくは本システムの申請番号を会計システムに連携する情報に含め、仕訳情報との関連性を確保する。

二　それ以外の書類

関連する領収書、請求書を特定できる伝票番号、申請番号等を本システムの関連付け番号入力し仕訳情報との関連性を確保する。

5　見読性を確保するための機能は、次に定めるところによる。

一　検索機能

記録されている電子化文書及び電子取引データの検索のために必要な清報（検索項目）を付加し、かつ、その検索項目を活用して該当する電子化文書及び電子取引データを抽出できること。

二　検索項目設定機能

検索項目に、ⅰ）取引年月日その他の日付、ⅱ）取引金額、ⅲ）取引先名称が設定でき、日付又は金額の項目は範囲指定を可能とし、任意の２項目以上の検索項目を組み合わせて検索できること。

三　出力機能

保存されている電子化文書、電子取引データ及びログ等の管理情報を、データフォーマットの種類にかかわらずディスプレイやプリンタに整然とした形式で明瞭な状態で出力できることとする。電子化文書は、国税関係書類と同程度の明瞭さを確保することができることとする。

四　４ポイント文字が認識できる機能

本システムはJIS X 6933又はIS012653-3テストチャートの４ポイント文字が認識でき、電子化文書を拡大縮小表示できること。

（入力装置の設定）

第９条　電子化文書の入力装置の設定は、次に定めるところによる。

一　解像度

200dpi以上とする。

二　階調

電子化文書は赤、緑、青の各色256階調（24ビット／ピクセル）とする。

なお、電子化文書が、電子帳簿保存法施行規則第４条で定める一般書類に該当する場合には、白、黒の各色256階調として差し支えない。

（出力装置の設定）

第10条　電子化文書及び電子取引データの出力装置の設定は、次の各号に定めるところによる。

一　表示装置のサイズ

14インチ以上の表示装置とする。

二　表示装置の階調

赤、緑、青の各色256階調（24ビット／ピクセル）以上の表示装置とする。

三　印刷装置

４ポイントの文字が認識できる縮小及び拡大印刷が可能なカラープリンタとする。

（保存場所と保存期間）

第11条　本システムの保存データは、税法の規定により当該保存データを保存すべき場所に保存すべきこととなる期間、電子帳簿保存法のほか関係法令の規定に定める要件に従って保存する。

第３章　国税関係書類のスキャナ保存

（対象書類）

第12条　当社におけるスキャナにより電子化する書類は、次に定めるところによる。

一　領収書（経費精算に係るもの）

二　請求書（経費支払いに係るもの）

三　▲▲

※　貴社においてスキャナ保存する国税関係書類について記載してください。
※　本規程は「MAJOR FLOW Z CLOUD 証憑保管」を利用した場合の証憑保存に関する規程のサンプルとなります。

（入力の時期）

第13条　第12条各号に定める書類については、書類の受領後、以下の時期に入力する。

一　領収書

書類の受領後、○○日以内に入力し本システムに保存

二　請求書

書類の受領後、○○日以内に入力し本システムに保存

三　▲▲

▲▲▲▲▲▲

※　国税関係書類のうち重要な書類については、最長で２カ月と概ね７営業日以内が法定の入力期限となります。この期限内に入力できるよう入力の時期を設定します。

（スキャナ保存の手順）

第14条　国税関係書類のスキャナ保存の手順については、第12条の書類の種類ごとに別途スキャナ保存に係る業務フローにその詳細を定める。

※　事務処理手順は、別途入力手順を定めた電子化する書類ごとに業務フローを作成します。

（原本の廃棄）

第15条　電子化文書の原本については、第14条に定めるスキャナ保存の手順により適正な入力及び保存がされたことが確認された場合、入力担当者は原本を廃棄することとする。

2　第13条の入力の時期内に保存データの保存がされなかった場合、及び第13条の手順により適正に入力が行われなかった場合の電子文書の原本については、廃棄することができず、法定期間当該電子化文書に係る原本を整理保存することとする。

※　原本廃棄の時期については法令での定めはありませんが、確実に電子化文書が保存されていることが確認された後に廃棄することを検討してください。

第４章　電子取引データ

（電子取引データの範囲）

第16条　本システムで保存する電子取引データの範囲は、以下に掲げるデータとする。

一　ECサイトからダウンロードした領収書等のデータ

二　電子メールにより受信した請求書のデータ

三　電子メール本文に取引情報が記載されているメールデータ

四　クラウドサービスを利用し受領した請求書データ

五　FAXサーバで受信した請求書データ

※　本規程では「MAJOR FLOW Z CLOUD 証憑保管」を利用した場合の証憑保存に関する規程のサンプルとなります。

（電子取引データの保存）

第17条　前条の電子取引データは、全て「MAJOR FLOW Z CLOUD 証憑保管」で保存することとする。

（訂正及び削除）

第18条　本システムに保存される電子取引データについては、訂正及び削除された場合にその履歴を保存する。

附則

（施行）

第１条　この規程は、令和○年○月○日から施行する。

（別添）

事務分掌細則

（運用体制）

第１条　証憑等の電子化保存規程第４条第１項に定める体制は次表のとおりとする。

部門名	役割名称	役職等	事務分掌及びその権限
各申請部門	申請者	各部署担当者	証憑を受領し、当該証憑等の内容に基づき適正な社内処理の準備のための入力及び保存等を行う権限を有する。
	入力担当者	各部門担当者	証憑等のスキャナ保存を行う権限を有する。
	処理責任者	各部門上長	取引内容及び電子化文書及び電子取引データの内容を確認し、適正な社内処理を行う権限等を有する。
経理部	経費確認者	経理部担当者	各部門の取引内容を確認し、適正な会計処理及び書類の管理を行う権限等を有する。
	承認者兼管理責任者	経理部長	経費支払処理及びスキャナ保存及び電子取引データの保存業務業務全般を統括する権限を有する。

※　上記例に基づき社内体制を検討してください。

（運用体制）

第２条　証憑等の電子化保存規程第４条（運用体制）に定める管理責任者及び作業担当者は以下のとおりとする。

一　管理責任者　（管理責任者を記載）

二　入力担当者　（証憑を入力する担当者を記載）

三　処理責任者　（部署ごとの処理責任者を記載）

（施行日）

第３条　この細則は、令和○年○月○日から施行する。

著者紹介

■袖山　喜久造（そでやま　きくぞう）

税理士・SKJ総合税理士事務所所長

SKJコンサルティング合同会社業務執行社員

〈経歴等〉

東京都出身　中央大学商学部会計学科卒業

平成元年４月東京国税局に国税専門官として採用。国税庁、東京国税局調査部において大規模法人の法人税等調査事務等に従事。同局調査部勤務時に電子帳簿保存法担当の情報技術専門官として調査支援、納税者指導等に携わる。

平成24年７月に退職し同年９月税理士登録。千代田区神田淡路町にSKJ総合税理士事務所を開業。税務コンサルティングのほか、企業の文書電子化コンサルティングを行っている。令和元年SKJコンサルティング合同会社設立・業務執行社員就任。

〈役職〉

公益社団法人日本文書情報マネジメント協会法務委員会アドバイザー

一般財団法人日本データ通信協会トラストサービス推進フォーラム　特別会員

デジタルトラスト協議会　特別会員

一般社団法人ファルクラム租税法研究会　研究員

本書の内容に関するご質問は、税務研究会ホームページのお問い合わせフォーム（https://www.zeiken.co.jp/contact/request/）よりお願い致します。なお、個別のご相談は受け付けておりません。

本書刊行後に追加・修正事項がある場合は、随時、当社のホームページ（https://www.zeiken.co.jp/）にてお知らせ致します。

電子インボイス　業務デジタル化のポイント

令和５年４月20日　初版第一刷印刷　（著者承認検印省略）
令和５年４月25日　初版第一刷発行

発行所　税務研究会出版局

週刊「税務通信」「経営財務」発行所

代表者　山　根　毅

郵便番号100-0005
東京都千代田区丸の内1-8-2 鉄鋼ビルディング

https://www.zeiken.co.jp

乱丁・落丁の場合は、お取替え致します。　印刷・製本　奥村印刷㈱

ISBN978-4-7931-2758-8